KB213466

산다는 것이 황홀하다

산다는 것이 황홀하다

다하라 요네코 지음

우지키 노부로 엮음

최경희 옮김

솔라피데출판사

ᒪ **예배와 삶의 일치**

복음에는 하나님의 의가 나타나서

믿음으로 믿음에 이르게 하나니; 기록된바,

"**오직** 의인은 **믿음**으로 말미암아 살리라" 함과 같으니라.

로마서 1:17

산다는 것이 황홀하다

초판 1쇄 발행 : 2010년 10월 20일
초판 4쇄 발행 : 2019년 5월 10일

지음 : 다하라 요네코
엮음 : 우지키 노부로
옮김 : 최경희
발행인 : 이원우 / 발행처 : 솔라피데출판사
주소 : (10881)경기도 파주시 문발로 123 파주출판문화정보산업단지
전화 : (031)992-8692 / 팩스 : (031)955-4433
Email : vsbook@hanmail.net
등록번호 : 제10-1452호
공급처 : 솔라피데출판유통
전화 : (031)992-8691 / 팩스 : (031)955-4433

Copyright ⓒ 2010 SolaFideBooks
Printed in Korea
값 9,000 원
ISBN 978-89-5750-046-0 03230

사랑과 기적, 감동의 생명 찬가!

한 사람이 죽음의 문을 넘어서서 **생명의 빛**으로 걸어갈 때에
우리는 그의 삶이 얼마나 **황홀한 지**를 안다.

추천의 글

이 세상에 사는 수많은 사람들 중에 우리의 좋은 본보기가 되는 사람을 만나서 그의 삶과 사상을 배운다는 것이 말처럼 그렇게 쉬운 것은 아닙니다. 그래서 우리는 책이라는 매개체를 통해 그런 분들을 만나 유익을 얻고 즐거워하게 됩니다.

다하라 요네코(田原米子) 여사가 자신의 삼지(三肢) 절단의 장애를 어떻게 극복하고, 지금까지 얼마나 행복하게 살아오고 있는지 우리는 이 책을 통해서 주목하여 볼 필요가 있습니다.

이번에 출판문화 사역으로 발간된 「산다는 것이 황홀하다」라는 책이 바로 다하라 요네코 여사의 일대기를 감동적으로 서술해 놓은 책입니다. 부제에도 있듯이 다하라 요네코 여사의 "사랑과 기적, 감동의 생명 찬가"인 이 책은 이미 일본에서 수십만 부 이상이 판매되었다고 하는 데, 우리나라 독자들에게도 널리 알려지고, 또 읽혀지기를 바라고 소원합니다.

많은 청소년들, 청년들과 낙심한 사람들이 왜 살아가야 하는지를 알지 못하고 방황하다가 끝내는 자살의 충동으로 치닫고 있는 요즘의 우리 현실을 놓고 볼 때에 더욱 절실히 요청되는 양서(良書)임을 믿어 적극적으로 추천합니다.

한경직 (영락교회 초대 담임목사)

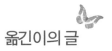

옮긴이의 글

　사람마다 만물을 보는 감상이 각기 다르기 때문에 고난 중에서도 굳게 살려는 강한 의욕을 가진 사람이 있는가 하면, 개중에는 사소한 일에도 절망의 늪에서 헤어나오지 못하는 사람도 있습니다.

　이 책의 주인공인 다하라 요네코 여사가 바로 그 두 가지의 삶을 다 겪은 사람이 아닌가 생각합니다. 왜냐하면 꿈 많은 18세 소녀 때에 어머니를 잃고 방황하던 나머지 달려오는 전차에 몸을 던져 자살을 기도했던 사람이기 때문이요, 다행히 목숨을 건져 두 다리와 왼쪽 팔 하나, 그리고 오른쪽 손가락 두 개를 잃어버린 장애인이 되었기 때문입니다. 하지만 예수 그리스도 안에서 "새로운 피조물"로 탄생되어 오늘까지 아내로서, 두 딸의 어머니로서 부끄러움 없이 행복하게 살아가는 "승리의 여성"이 또한 바로 그 사람이기 때문입니다.

　우리 주변에서 몸이 자유롭지 못한 것뿐만 아니라 마음도 우울해서 좌절과 실망에 빠져있는 이웃들에게 새로운 삶의 전환점이 되는 소중한 책으로, 그리고 인간 승리의 삶을 본받고자 하는 모든 사람들에게 조금이라도 도움이 되는 책이 된다면 옮긴이로서 더 이상 바랄 것이 없습니다.

　끝으로 이 책을 출판하도록 기꺼이 허락해 주신 다하라 아키도시 목사님과 요네코 여사님에게 진심으로 고마움을 전합니다. 아울러 부족한 문투를 여러 번 다듬어 주고 세세하게 교정의 수고를 마다하지 않은 편집부 직원들과 여러 형제들에게 감사를 전합니다.

맑고 드높은 가을에
옮긴이 씀

차례

1
자살
미수

자살 미수

겨울밤, 철로에 뛰어든 소녀

신주쿠발 객차 가운데 제1차량이 4번 플랫폼에 들어오던 순간, 갑자기 한 소녀가 달려오는 그 전차에 몸을 내던졌다. 여기서 "갑자기" 라는 표현을 쓸 수밖에 없는 것은 그 전차의 기관사가 충격을 받은 그 순간의 감각 때문이었다.

전차가 막 출발하려고 하는 순간이기에 기관사가 전방을 살필 수 있는 여유도 충분히 있었다. 전차가 출발 할 때에는 언제나 주의를 게을리 하지 않고 주위를 살피는 것이 습관처럼 되어 있었기 때문이다. 이때만 해도 발차하기 전에 플랫폼의 끝 쪽에서 걸어오고 있는 소녀의 모습을 분명히 보았지만, 그는 보통 때와 같이 전차 내 판매원이려니 생각하면서 그다지 신경을 쓰지 않았다. 기관사가 그렇게 생각을 한 데에는 나름대로의 이유가 있었다. 후일 기관사는 그때의 상황을 다음과 같이 떠올렸다.

"그 플랫폼 끝에는 전차 내 판매원들의 휴게소가 있었습니다. 그래서 소녀들이 항상 그곳을 왕래하는 것을 보아왔기 때문에 나는 그 판매원들 가운데 한 사람이라고 생각하여 별로 신경을 쓰지 않았습니다."

그날 밤은 며칠 전에 내린 눈이 아직도 이곳저곳에 얼어붙어 있었고, 찬바람이 플랫폼을 세차게 흔들어 놓고 있었다. 좁은 운전실에 있던 기관사가 희뿌연 차창 밖으로 보이는 그 소녀의 모습을 차내 판매원으로 착각했던 것은 그 소녀가 여고생 교복을 입고 있지 않았기 때문이었다. 그 소녀는 전차가 플랫폼의 끝까지 천천히 달리고 있을 때까지 계단 밑에 그림같이 웅크리고 앉아 있었다고 했다. 그런데 그 그림이 갑자기 일어나 철로에 뛰어든 것은 눈 깜짝할 사이에 일어난 일이었다. 기관사는 거의 반사적으로 브레이크를 밟았다.

"전차가 완전히 선 것을 확인하고 뛰어 나갔을 때, 제 귀에 들리는 것은 소녀의 처참한 비명소리뿐이었습니다. 그리고 바퀴 아래 마치 먹혀들어 간 것처럼 쓰러져 있는 소녀의 모습을 보는 순간 '아, 대단한 중상이구나!' 하고 생각했습니다. 그래서 곧바로 앞쪽에 있는 보선계원(保線係員)들의 대기소로 달려가서 급히 구급차를 부르도록 요청하고 돌아왔을 때, 선로 위에는 피로 물들어 있었습니다.

'아, 아파! 아아, 아파요!' 라고 울부짖는 소녀의 소리는 그곳에 모여든 사람들을 전율시켰고, 소녀의 처절한 울부짖음은 그녀가 아직도 살아있다는 것을 말해 주고 있었습니다. 그 시간 우리가 할 수 있었던 것은 달려온 보선계 직원들이 가져온 끈으로 소녀의 절단된 수족(手足)을 단단히 묶어 지혈하는 응급처치 외에는 없었습니다. 현장에 모여든 사람들은 구급차가 빨리 오기만을 애타게 기다리고 있었습니다. 소녀는 삼지절단(三肢切斷)으로 왼팔과 두 다리가 완전히 절단돼 있었습니다.”

이러한 삼지절단은 달리는 전차의 오른쪽에서 뛰어 들었기 때문일 것이라는 것이 현장 검증을 실시한 경찰관들의 판단이었다. 도착한 구급차는 완전히 의식을 잃어버린 소녀를 가까운 동경의과대학 부속병원으로 옮겼다. 이미 연락을 받은 병원에서는 의사들이 수술 준비를 마치고 기다리고 있었다.

그러나 그때 그곳에 외과의사가 없었더라면 빈사 상태에서 헤매던 소녀의 인생은 그 누구도 장담할 수 없었을 것이다. 왜냐하면 그때는 이미 한밤중이었고, 병원에는 당직의사밖에 없었기 때문이었다. 당직의사는 전문의가 아니므로 이 피투성이의 소녀를 수술할 수가 없었다. 그런데 그날 밤, 그 시간에 우연히 외과 주임교수가 개인적인 볼 일로 병원에 들렀다가 시신과도 같은 소녀를 실은 구급차가 오는 것을 보았다. 모든 사실을 알게 된 주임교수는 이 참혹한 소녀의 수술을 담당해 주었다.

수술은 6시간이나 걸린 대수술이었다. 덕분에 소녀의 생명을 구할 수 있었다. 당시 18세였던 소녀는 그때부터 지금까지 34년

간을 새로 태어난 인생으로서의 삶을 살아오며, 지금 31세와 29세가 된 두 딸의 어머니로서, 아내로서, 행복한 가정의 주부로서 살아가고 있고, 남편의 이름은 다하라 아키도시이다.

요네코는 교통사고가 난 지 23년이 지난 뒤에야 사고 당시 전차를 운전했던 기관사를 만날 수 있었다. 진심으로 그때의 일을 사과하고 싶었기 때문이었다. 이전에도 수소문하였지만 전혀 찾을 길이 없었다. 애써도 찾을 수 없었던 것은 그녀가 뛰어든 곳이 국철이었다고 생각하고 그 쪽으로만 찾았기 때문이었다. 국철의 오래된 기록을 아무리 뒤져 보아도 그런 사고가 발생한 사실이 없음을 알고 경찰에도 수없이 문의했지만 오래된 일이라 알 길이 없다고 해서 기관사 찾는 것을 단념하고 있었다.

그렇게 안타까운 마음으로 세월을 보내던 중에 교회와 관련된 TV 영화를 만들게 되었다. 이 영화를 제작하던 스태프들이 사고 당시의 상황을 조사 하던 중에 사고가 국철이 아니라 사철에서 일어난 것을 확인하게 되었다. 그쪽의 일지에는 분명히 기록되어 있다는 사실을 알려온 것이다. 요네코가 왜 착각을 할 수밖에 없었는가는 당시의 기관사를 만나고 나서야 비로소 알게 되었다. 당시에는 그만큼 정신적으로 불안정했다고 할 것이다.

보통 자살 미수로 살아남은 자가 자신이 뛰어든 전차의 기관사에게 "감사합니다." 라고 인사하러 가는 일은 아마도 드물 것이다. 그러나 요네코는 이렇게 자신이 건강하고 행복하게 살고 있다는 것을 사과의 말과 함께 기관사에게 인사를 드리고 싶었다.

"내가 지금 이처럼 행복한 생활을 할 수 있는 것도 많은 분들의 도움이 있었기 때문이라고 생각합니다. 병원에서 수술을 담당하셨던 선생님도 뵙고 싶어 사고를 당한 지 2년 뒤에 처음으로 의족을 끼고 걸음마를 하게 되었을 때 병원을 방문하여 인사를 드렸더니 진심으로 기뻐해 주셨습니다. 그렇게 엄청난 수술은 처음 경험하는 것으로 그 뒤에도 사고를 당한 사람을 수술 한 경험이 여러 번 있었지만 그중에서도 나를 수술한 것이 처음으로 하는 큰 수술이었기에 잊을 수 없었다고 했습니다."

도움을 주신 분들을 만나고 보니 그렇게 기쁠 수가 없고 가슴에 뭉쳐있던 것이 풀리는 것 같은 기분이라며 오히려 감사하는 말을 몇 번이고 되뇌었다.

요네코는 이와 같이 인간과 인간의 맺어짐이 중요한 것이라고 생각했다. 그리고 요네코는 그러한 인간과 인간의 맺어짐에 기대어 살아온 세월이라고 했다. 중증(重症) 지체장애인으로 살지 않으면 안 되는 요네코. 그녀가 그 무거운 장애를 갖고 건강한 사람들 이상으로 행복한 가정을 이루며 살아온 30여 년이라는 세월은 과연 어떤 세월이었을까?

2
햇살이
가득한
집

햇살이 가득한 집

행복한 가정

솔직히 말해 요네코의 가정을 방문할 당시 나의 기분은 몹시 무겁고 착잡했다. 장애인을 인터뷰하는 것이 처음 있는 일도 아니고, 상대의 장애를 특별히 의식하고 대하는 것은 오히려 실례가 된다는 것도 잘 알고 있었다. 장애인 자신도 그런 것으로 인해서 상대방이 신경을 쓰고 어색해 한다는 것도 경험으로 알고 있다. 그러한 일 때문이 아니라, 내가 요네코의 집을 방문하기 전에 그 가정에 대해 몇 가지 사실을 조사하여 미리 알아 본 것이 있었다. 그것에 의하면 요네코의 성격이 대단히 명랑하다는 것이다. 그것이 나의 마음을 무겁게 하는 이유가 되었다.

그 명랑함은 어디에서 솟아나는 것일까? 여러 가지 생각들이 떠올랐지만 딱히 잡히는 것이 없었다. 본래 그녀의 성격인지 아니면 성품이 낙천적일지도 모른다는 생각도 해 보았다. 그러나 그녀가 쾌활하고 명랑한 것은 결코 성격 탓도 아니요 낙천적인 성격 때문도 아니었다.

그녀에 관한 자료에 나온 사진에서 본 요네코의 옆 얼굴은 근엄함을 연상케 했다. 두 다리는 의족인데다가 왼팔은 15cm 정도밖에 남아 있지 않았고, 오른손은 손가락 3개만 남아 있는 사람이 집안일을 하는 것은 물론, 아이들을 양육하고 쉬지 않고 전도 여행을 하고 있다는 사실에서 그녀의 강한 의지와 신앙의 투철함을 연상하는 것은 당연한 일이라고 생각했다. 그렇다고 해서 이러한 것만이 요네코의 밝은 성품을 설명할 수 있다고는 생각할 수 없었다. 장애인이지만 장애를 극복한 사람들 중에는 남에게 지지 않으려는 성격 때문에 건강한 사람들과 같이 일하며 밝은 표정으로 대화하는 장애인들도 있지만 그러나 그들에게서는 어딘지 모르게 체념이라는 무거움과 고통스러움이 숨어있는 것을 볼 수 있다. 다시 말해서 이것은 밝은 태양이 만드는 그림자와 같은 기분을 맛볼 수가 있었다.

그러나 요네코가 가지고 있는 밝음은 다른 것 같았다. 요네코 자신이 발광원(發光源)이 된 밝음이라는 생각이 요네코를 만나기 전까지는 강하게 나를 압도했다. 이런 사람과는 대화의 틀이 잘 맞지 않을 때가 종종 있었기 때문이다.

그리고 또 하나 기분을 무겁게 만드는 요인이 있었다. 다하라 씨 부부가 크리스천이라는 사실이었다. 신앙의 문제는 불신자에게 있어서 아주 불편스러운 것이나 대화가 안 되는 정도는 아니다. 신앙과 인연이 없는 사람은 그들의 대화의 대상이 될 수가 없다. 그들의 대화 속에 끼어들 수도 없고, 따라가다 보면 미지의 세계에서 이쪽을 바라보고 있다고 짐작할 뿐 그 간격을 좁힐 수 있는 말을 잊어버리고 만다. 그러나 분명히 해야 할 것은 다하라 씨 부부의 현재의 행동이 신앙으로부터 나온 것이라면, 그 신앙이라는 것이 도대체 무엇일까, 어떤 것일까 하는 소박한 의문이 생긴다는 것이다. 이러한 의문을 갖는다는 자체가 어리석은 일인지도 모르겠다.

내가 조사한 바에 의하면, 다하라 씨 부부를 만나 본 많은 사람들이 그들의 삶에서 영향을 받아 변화되고 있음을 말해 주고 있었다. 그들의 삶의 방법을 변화시키고 있는 원동력은 무엇이며, 어디서 오는 것일까? 요네코의 어디에 그 비밀이 있는 것일까? 기분이 무거워짐을 느끼면서 지바현 교외에 있는 그들의 보금자리를 방문한 것은 이러한 의문에 떠밀려 움직여졌다고 생각한다.

히가시 무사시노역에서 10분 정도의 거리에 그들의 집이 있었다. 남편인 아키도시가 목사라고 들었기에 그들이 사는 곳이 교회이려니 생각했는데 남쪽으로 약간 경사진 곳에 세워진 집은 보통 교외에서 흔히 볼 수 있는 아담한 이층 양옥이었다. 주위에도 같은 형태의 집이 여러 채 있었다. 마치 한가한 전원 풍경을 연상케 했다. 예상외의 환경에 약간은 당황하면서 현관의 벨을 눌렀더니 "예!" 하고 탄력 있는 젊은 여자의 목소리가 들려왔다. 그로부터 어느 정도의 시간이 흐른 뒤에야 문이 열렸고 그곳에 요네코가 밝게 웃고 있는 모습으로 서 있었다.

"잘 오셨습니다. 이렇게 먼 곳까지 오셔서 감사합니다. 어서 들어오세요!"

한 평 정도의 현관 안쪽에 판탈롱을 입고 서 있는 요네코에게서 의족의 부자유함 같은 것은 전혀 찾아 볼 수가 없었다. 내가 염려했던 것과는 달리 어둡고 고통스러운 모습도 찾아볼 수 없는 평화스러운 표정이었다. 그처럼 첫인상이 밝게 보였던 것은 요네코의 음성이 투명한 금속음을 내고 있었기 때문인지도 모른다. 웃는 얼굴이 마치 영상처럼 비쳐졌다. 입고 있는 블라우스의 왼쪽 소매가 팔꿈치에서부터 접혀져 있었지만 걸어갈 때, 그것이 제멋대로 흔들리는 것을 보고서야 비로소 그곳에 있어야 할 팔이 없다는 것을 알 수 있을 정도였다.

그때까지는 과연 이 여인이 삼지(三肢)를 절단한 장애인이라고는 생각조차 할 수 없었다. 의족에 관한 지식이 없었던 탓도 있지만, 요네코에게 안내되어 걸어가면서도 그것이 의족이라고는 믿을 수가 없었다. 다만 의족이려니 하고 보아야 건강한 사람의 걸음걸이와 약간의 차이가 느껴질 정도였다. 오른손에 남아 있는 세 개의 손가락도 차를 권하는 순간에야 볼 수 있었지만 별로 이상하다는 느낌은 들지 않았다. 왜 그렇게 느껴졌는지 지금도 알 수 없는 수수께끼이다. 특히 요네코와 만나는 횟수가 거듭 될수록 그녀가 장애인이라는 의식을 전혀 느낄 수가 없었다는 사실은 참으로 놀랍고 이상한 일이 아닐 수 없었다.

실제 생활 속에서 요네코는 몸 전체에 남은 것이라고는 세 개의 손가락밖에 없는 처지를 비관도 하고 울 때도 많았다고 한다. 두 번째 그들의 집을 방문했을 때의 일이다. 인터뷰 시간이 길어져서 저녁식사를 함께 하게 되었다. 요네코는 이야기하는 도중에도 몇 번씩이나 일어나 주방 일을 살피곤 했다. 요리 솜씨가 좋은 것에 감탄한 것은 물론이고, 몸이 자연스럽지 못하다는 것을 전혀 느낄 수 없다는 것에 놀라움을 금할 수가 없었다.

작은 딸 룻은 직장에 나가서 없었고, 큰딸인 마리가 거들고는 있었지만 음식을 만들고 식탁을 준비하는 모든 일은 요네코 혼자서 하고 있었다. 그리고 더욱 놀란 것은 철제로 된 큰 냄비를 세 개의 손가락으로 가볍게 식탁에 옮겨 놓을 때였다. 오른손에 주방용 장갑이 끼어져 있었기에 눈앞에 옮겨져 올 때까지만 해도 손가락에 대한 생각은 잊어버리고 있었다. 포크를 잡은 두 손을 보고서야 조금 전에 무거운 냄비를 가볍게 들어 옮기던 일을 생각하였다. 그러기까지 얼마나 피나는 노력을 했을까 하는 생각이 들자 숙연해졌다. 결혼한 지 이십여 년이 지나 성년이 된 마리와 룻의 두 딸과 건강한 남편이 곁에 있지만 그 누구도 주방일이나 가사 일은 거들지 않는다고 했다.

가정에서는 가사 일체를 주부인 요네코가 책임지고 있는 것이다. 그곳에는 장애를 가진 아내, 장애를 가진 어머니란 의식은 있을 수 없었고 일반 가정과 다른 점을 전혀 찾아볼 수가 없었다. 가족들은 요네코의 가사 일들을 지극히 당연한 것으로 받아들이고 있었다. 요네코 자신도 장애인이라는 의식 속에서 도움을 받아야한다는 달콤한 생각은 해본 일이 없다고 했다.

"장애를 가지고 있다고 해서 무엇에서 무엇까지 해줘야 한다는 것은 정상인과 차별 대우를 하는 것과 다름없습니다. 물론 장애가 있어 하고 싶어도 못하는 일이 있습니다. 그런 것은 옆에 있는 사람이 도와주면 됩니다. 그러나 자기 힘으로 할 수 있는 것임에도 불구하고 남에게 도움을 청한다는 것은 좋지 않고, 도와주는 것도 좋지 않다고 생각합니다."

남편인 아키도시도 장애인과 교제할 때에 유의할 점들을 이야기하면서 자신의 경험에서 깨닫고 터득한 사실들을 말해준 적이 있지만 무엇보다도 그들의 생활 속에서 앞의 사실들을 분명히 발견할 수 있었다.

아키도시는 언젠가 "나의 아내 요네코" 라는 제목의 글을 어느 잡지에 기고한 적이 있는데 다음과 같이 적고 있다.

요네코가 2년 전 쯤에 작은 딸 룻에게 이렇게 물었던 적이 있었습니다.

"룻아! 엄마가 보통 사람들처럼 손과 발이 전부 있었으면 좋겠다고 생각해 본 일이 있니?"

"아니, 없어!"

"그럼 엄마에게 손발이 다 있다면 어떻게 생각하니?"

룻은 잠시 머뭇거리다가 깔깔 웃으며 이렇게 말했습니다.

"양 손이나 두 발이 달려있는 엄마는 무섭고 기분이 나빠!"

그 후에 모녀는 함께 웃고 뒹굴었습니다. 이렇게 자신이 장애인이라는 부담을 조금도 갖지 않고 아이들에게도 엄마가 장애인이라는 의식을 갖지 않도록 아내는 살아왔습니다. 밤에 아이들이 잠자리에 들 시간이면 의족을 떼어버리고 아이들과 뒤엉켜 레슬링을 하면서 놀아주는 엄마! 어깨에서부터 15cm만 남겨진 왼팔 끝부분으로 톡톡 치면서 큰소리로 떠들어대는 요네코가 아이들에게는 보통 엄마입니다. 두 손과 두 발이 가지런히 있는 다른 엄마들이 오히려 이상한 것이었습니다. 흔히 사람들로부터 들을 수 있는 장애인 엄마라고 또래 아이들에게 놀림을 받거나 무심한 사람들에게서 괴롭고 슬픈 일을 당하였던 적이 단 한 번도 없었던 것은 아마도 이런 이유 때문이라고 생각합니다.

요네코의 일을 물어보는 대부분의 사람들은 집안일이나 밖의 일로 인해 요네코가 큰 곤란을 겪고 있거나 혹은 그녀가 할 수 없는 일들이 많이 있을 것이라고 여기는 것 같습니다. 그렇지만 그런 의문들은 기우에 지나지 않습니다. 오른팔의 세 손가락만을 쓸 수 있는 요네코는 당근이나 무를 도마 위에 올려놓고 굴려가면서 껍질을 벗길 수 있고, 아이들의 머리를 세 갈래로 땋아 올리기도 하고, 딸들의 드레스나 나의 바지 같은 것도 재봉틀을 사용해서 만들어 주기도 합니다. 요네코는 어떤 것은 할 수 있고 없고 를 문제 삼지 않고 처음부터 그것을 어떻게 하면 할 수 있을까 하 는 것만을 생각하는 것으로 나에게는 느껴졌습니다.

지난날 나는 청년 전도자로서 요네코에게 예수 그리스도의 복음을 전했고, 요네코는 예수 그리스도를 믿고 마음깊이 영접하였으며, 예수 그리스도는 그녀로 하여금 아집을 버리게 하셨고, "장애"를 갖고 있다는 열등감으로 삐뚤어지고 상처받은 마음을 위로하시고 상처를 싸매어주셨습니다. 그리하여 눈에 보이는 어떤 사실로 인하여 슬퍼하거나 주저하거나 절망하는 "장애인"이 아니라 예수 그리스도와 함께 살아가는 황홀한 삶의 기쁨을 가르쳐주신 것입니다. 이러한 "보통 여성"을 생애의 반려자로 나와 같은 자에게 허락하신, 은혜가 넘치시는 하나님께 날마다 감사할 뿐입니다.

지금 큰딸 마리는 미국에서 간호학교를 졸업하고 어릴 적부터 소원했던 간호사가 되어 미국에 있는 병원에 근무하고 있다. 그리고 작은 딸 룻은 항공사 스튜어디스로 근무해서 2~3개월에 한 번 정도밖에 집에 돌아오지 않는다. 두 아이가 성숙한 여성으로 자립한 뒤로는 좀처럼 가족들이 한 자리에 모이기가 힘들다. 마리가 미국 간호학교를 졸업하고 일시 귀국하여 약 5개월 동안 집에 머물렀던 기간이 오랜만에 온 가족이 얼굴을 마주볼 수 있는 시기였다.

이렇게 한 가족이 모였을 때에 늘 웃음꽃을 피우게 만드는 것은 요네코의 싱싱하고 탄력 있는 목소리이다. 이럴 때면 화제는 어김없이 두 딸의 어린 시절로 돌아간다. 성장한 딸들의 모습을 바라볼 때마다 불편한 몸을 이끌고 몸부림치며 그들을 열심히 키우던 옛 시절이 생각나는 것 같았다.

이 무렵 아키도시는 극동복음선교단에 소속되어 있었다. 이 단체는 제2차 세계 대전 당시의 종군 목사가 중심이 되어 조직한 선교단체였다. 현재 일본에는 크고 작은 교단이 200여 개가 존재한다고 한다. 아키도시가 속한 교단은 큰 교단은 아니었기에 교단에서 파송되어 가는 교회마다 경제적인 혜택이 없다는 것을 각오해야 했다. 이렇게 가난한 아키도시 목사의 아내로서 불평 한마디 없이 꿋꿋이 살아 왔고, 두 딸을 키우며 성한 사람 못지않게 어머니로서, 아내로서 해야 할 역할을 잘 감당해냈다. 이런 것은 보통 여인들과 조금도 다를 바가 없다. 다만 한 가지 다른 점이 있다면 그것은 중증 장애인이라는 것이다.

그러나 두 딸 마리와 룻은 이렇게 말한다.

"초등학교에 다닐 때의 일입니다. 엄마와 같이 물건을 사러 나가는 것이 창피하게 생각되었던 적이 있었습니다. 그렇지만 그런 생각은 한순간에 없어져 버리고 다른 친구들에게 우리 엄마의 모든 것을 보여주는 것을 자랑으로 생각하게 되었습니다. 우리 엄마는 손과 발이 없는데도 불구하고 다른 엄마들이 하는 일은 무엇이든지 할 수 있다는 그것이 무척 자랑스러워 오히려 친구들을 집에 불러다가 엄마의 모습을 보여주고 싶었습니다.”

요네코는 딸들이 남자 친구와 데이트를 하겠다고 할 때에는 자신의 옛 시절을 이야기해 주며, “오늘은 이런 영화를 구경하면 어떻겠니? 그리고 찻집에 가서 같이 차도 마셔라.” 하며 사소한 일까지 챙겨준다. 그러면 딸들은 데이트를 하고 돌아와서 숨김없이 털어놓고 엄마의 의견을 묻고는 했다. 그래서 요네코의 가정에는 가족 간의 비밀이란 존재하지 않는다.

“우리는 엄마의 과거를 들어서 잘 알고 있습니다. 왜 철도에 뛰어들어 자살을 해야만 했는지, 어떤 장난을 치며 놀았는지 등등 우리는 그 결과를 보고 잘 알고 있기에 절대로 그와 같은 일은 할 수 없습니다.”

마리의 이 말은 부모가 사는 방식이 어린 자녀에게 어떤 영향을 미치는지, 어떤 역할을 하는지 짐작할 수 있게 한다. 사람은 누구나 자신의 알몸을 드러내 보이는 것을 원치 않는다. 세상사를 생각하면 더욱 그렇다.

그러나 요네코의 사는 방법을 보면 세상 사람들의 생각과는 정반대라는 것을 발견할 수가 있다. 그녀는 자신의 장애를 드러내 보일 뿐만 아니라 오히려 적극적으로 이야기한다. 이것은 상처를 태양빛에 드러내는 것이나 다름없다. 사람에 따라서는 이 것을 자학이라고 볼 수도 있을 것이다.

그렇지만 요네코에게서는 자학에서 오는 어두운 면은 어디를 보아도 찾아 볼 수가 없다. 오히려 어두운 곳이 없는, 너무나 밝은 표정으로 생활하기 때문에 사람을 불안하게 할 정도이다.

그렇다면 요네코란 여인은 어두움이나 그늘짐 같은 것과는 정말 무관했을까? 지금은 온몸에 태양을 끼었고 사는 듯 찬란하게만 보이는 요네코이지만 그 속에서 아직 사라지지 않고 있는 과거의 어두운 그림자를 찾아가다 보면, 아무래도 26년 전의 사고 당시로 되돌아가게 된다.

3
다시
태어난
생명

다시 태어난 생명

어리광을 받아주던 어머니

요네코는 1937년 5월 11일 도쿄에서 아버지 요시미쓰 씨와 어머니 즈루 씨 사이에서 4남 3녀 가운데 막내로 태어났다. 하지만 1929년 7월에는 작은오빠를 잃었고, 1931년 7월에는 큰오빠를, 1936년 11월에는 큰언니를 잃었기 때문에 현재는 오빠 2명과 언니 1명만 남아있다. 요네코 아버지의 생업은 농업이지만 따로 산림도 가지고 있었다. 아버지는 젊어서부터 시청에 근무하셨고, 정년퇴직 이후에도 시청의 요청으로 같은 부서에서 근무하다가 몇 년 전에야 그만둔 성실한 공무원이셨다.

요네코의 말에 의하면 아버지는 어떤 때라도 생활 태도가 변하지 않는 과묵한 인품이셨지만 요네코가 막내딸이기 때문인지 남달리 사랑하셨던 것 같다(어머니는 42세에 요네코를 낳았다). 그래서 요네코는 어리광을 많이 부리며 자랐다고 한다. 실제 셋째 오빠와는 12살, 넷째 오빠와는 9살, 작은언니 유리코와는 5살이나 터울이 진다. 이런 것을 생각한다면 부모님의 사랑이 요네코에게만 집중되었다는 사실을 수긍할 수 있을 것 같다.

어머니는 이 세상에 없는 오빠들의 이야기를 할 때마다 "머리가 좋아서 공부도 참 잘 했었는데…"라며 자랑하셨다. 나이가 많은 어머니의 사랑을 받으며 막내로 자라난 요네코는 다른 형제들과는 달리 무슨 일이든지 제멋대로 해야 성이 풀리는 무척 장난꾸러기였지만 그러한 요네코의 행동을 꾸짖는 사람은 아무도 없었다. 무슨 일이든지 요네코가 하고 싶은 대로 내버려 두었다. 심지어는 밥을 먹고 있을 때에 앞집의 착해빠진 남자 아이가 찾아오면 밥을 먹다 말고 그 남자 아이의 집에 가서 밥을 실컷 얻어먹고 와서는 또 밥 달라고 졸라대는 일 정도는 예사였다. 하지만 어느 누구도 화를 한 번 내지 않고 "어찌할 수 없는 애"로 봐주거나 "참 바쁜 아이"로 넘어가기도 했다. 과보호의 전형으로 요네코는 무조건적인 사랑을 받으며 자라났다.

요네코가 회상하는 어머니는 착하기만 한 여인 같지만 그 많은 식구들을 빈틈없이 돌보고 다스렸던 것을 보면 여장부의 면모도 있었던 것 같다. 요네코는 어머니가 단정치 못한 경우를 한 번도 본 적이 없다고 말한다. 작은 체격에 머리를 틀어 올리고 쉴 사이 없이 일에 열중하는 어머니의 모습이 요네코의 기억에 깊이 새겨져 있다.

"지금에 와서야 비로소 어머니가 계절마다 어떤 일을 하고 계셨는지 생각이 납니다. 어머니는 봄이 되면 쑥을 뜯어다가 쑥떡을 만들어 주시기도 하고, 팥밥을 지어 주시기도 했으며, 만두 같은 것도 손수 만들어 주시곤 했습니다. 그러기에 계절이 바뀔 적마다 돌아가신 어머니의 생각이 나서 눈물짓곤 합니다. 우리 집은 이런 어머니를 중심으로 일상생활을 차분하게 꾸려 나갔습니다."

요네코는 어머니가 있는 한 결코 외롭지가 않았다. 어머니는 아무리 바쁜 일이 있어도 학교에서 있었던 일이라든가 친구들의 이야기라든가 자신의 생각 등 이것저것을 재잘거리는 요네코의 좋은 말벗이 되어 주셨다. 그래서 요네코는 학교에서 돌아오기만 하면 바쁘게 집안일을 살피는 어머니 옆에서 떨어지는 일 없이 꼭 붙어 다니며 떠들어댔다. 이런 것이 어린 요네코의 일상처럼 되어 있었다.

요네코와 이야기를 나누면서 의외로 민요라든가 옛날 이야기를 굉장히 좋아한다는 사실을 알게 되었다. 지금도 TV에서 방영되는 사극을 좋아해 사극이 방영되는 시간에는 어떤 일이 있어도 TV 앞에 쪼그리고 앉아 버리곤 한다. 이런 일에 대해서 요네코는 "어린 시절의 후유증"이라고 표현했다.

"내가 살던 곳은 시골이었으므로 사극을 연기하는 유랑극단이 자주 들어 왔는데 부모님도 좋아하셔서 자주 구경을 가곤 했습니다. 그럴 때마다 나는 꼭 따라가곤 했는데 구경 갈 때뿐만 아니라 어디든지 따라 다녔고 부모님도 으레 데리고 다니셨습니다. 학교에서 돌아오는 길에 극단 포스터만 보면 집에 들어서기가 무섭게 어머니를 졸라대서 꼭 구경하고야 말았습니다. 내가 요구하는 일에 대해서 안 된다고 말씀한 적이 한 번도 없었습니다. 부모님의 손을 잡고 이리 뛰고 저리 뛰면서 즐거워했던 그 시절이 지금도 기억에 생생합니다."

요네코는 자신을 어릴 적부터 활달한 아이였다고 말한다. 그 것은 부모님의 자애롭고 풍요로운 애정 속에 젖어 생활했기에 가능했다고 볼 수 있을 것이다.

"내가 요구하는 것은 무리한 것이라도 어머니는 무엇이든지 들 어주셨습니다. 그래서 어머니의 존재는 나의 세계였고, 나의 전 부였다고 할 수가 있습니다. 나는 어머니 옆에서 단 한 번이라도 떨어져 본 적이 없었습니다."

이러한 모녀간에 불안한 금이 가기 시작한 것은 1952년 가을 요네코가 중학교 2학년이 되던 때에 어머니가 뇌일혈로 쓰러졌 기 때문이었다. 어머니는 평소에도 혈압이 높은 편이셨다. 몸집 은 작고 뚱뚱하지도 않았는데 현기증을 일으키고 토하는 일이 때때로 있었다. 그러나 어머니는 조금도 내색을 하지 않으셨고,

본인 외에는 누구도 그렇게 중병을 갖고 있는 줄을 몰랐다. 물론 요네코는 알 리가 없어 그저 어리광만 부렸던 것이다. 요네코가 어리광을 부릴 때마다 자신의 아픔을 내색하지 않고 요네코가 원하는 일은 무엇이든지 해주겠다고 말씀하시던 어머니였다. 지금 생각하면 어머니는 자신의 생명의 끝을 내다보고 요네코의 어리광을 무조건 받아들이고 있었던 것이 아닐까 하는 생각이 든다. 늦게 얻은 자식이라서 그런 것만은 아닌 것 같았다.

요네코는 지난날을 이렇게 회고했다.

"어머니는 여장부다운 면이 있었습니다. 그리고 집안이 지저분하게 어질러진 것을 한 번도 본 적이 없었고, 어머니는 사물을 판단하시는 것이 예리했습니다. 주위 사람들에게는 무서울 정도로 엄하게 대하셨지만 유독 나에게만은 너그러우셨던 것이 기억이 납니다."

어머니가 처음 쓰러진 것은 요네코가 15세 되던 해였다. 두 오빠는 27세와 24세였고 언니는 20세였다. 어머니는 두 오빠와 언니가 어머니 없이도 어떻게든 살아갈 수 있을 것이라고 생각하신 것 같지만 요네코가 몇 살이 될 때까지 더 살 수 있을까를 어머니는 자신의 건강과 요네코의 성장을 비교하면서 살고 계셨던 것으로 생각된다. 그런 생각이 요네코에게 특별한 애정을 쏟게 한 이유가 아닐까 싶다. 어머니의 최초의 뇌일혈은 어쩌면 짐작하고 있었던 일인 것 같다. 요네코가 나중에 "그 작은 어머니 몸에서 어떻게 그렇게 많은 피가 나올 수 있을까?" 하고 놀라움으로 회상하고 있지만, 이것은 두 번째로 쓰러지기 전에 본 출혈이었다.

어머니가 남몰래 몸을 겨우 가누며 살아온 나날들이 더욱 많았을 것은 가히 짐작하고도 남을 것 같다. 어머니는 가족들에게 걱정시키지 않으려고 홀로 고통의 길을 묵묵히 걸어가셨던 것이다. 어머니의 기능이 마비되면 가정의 기능이 마비될 수밖에 없다는 사실을 아셨던 것이다.

그것이 결과적으로 생명과의 균형을 맞출 수 없었던 요인이 되었다. 이 무렵에 어머니의 병은 약물 치료 외에 온천 치료 등 여러 가지 방법으로 치료를 해 보았지만 신발을 고무줄로 묶고 다니지 않으면 안 될 정도로 악화되어 있었다. 그래도 요네코는 어머니가 병상에서 일어나신 것만으로도 기뻤다. 지팡이를 짚지 않고서는 걸을 수 없는 것만 보아도 얼마나 중병인가를 알 수 있었지만 그런 어머니가 자신 곁에 계시는 것만으로도 좋았다.

"내가 중학생이었으므로 별다른 생각은 할 수 없었지만 어머니와 같이 있고 싶었습니다. 어머니의 다리가 자유롭지 못해 근처에 있는 어머니 친구 집에 가거나 산책 같은 것만 간단하게 할 수 있었기에 학교에서 일찍 돌아와 가까운 후지공원에 산책을 나가곤 했었습니다. 계단이나 언덕은 업고 다녀야 했습니다. 그런 일들이 결코 슬프다고 생각하지는 않았지만 어쩐지 어머니가 불쌍하다는 마음이 들어 내가 할 수 있는 일은 열심히 해 드렸습니다. 이렇게 어머니를 독점하다시피 했던 기억이 생생하게 떠오릅니다."

요네코는 1954년에 도립 제2상업고등학교에 진학했다. 그해 여름에는 겨우 걸을 수 있는 어머니를 부축해서 온천에도 갔었다. 예전으로 돌아갈 수 있을 것이라는 희망으로 가슴을 쓰다듬고 있던 시기라고 할 수가 있다.

나의 어머니가 사라지다

이 무렵 어머니는 어떤 종교의 신자로 그 모임에 열심히 참석하고 계셨다. 그런 때면 으레 요네코가 부축하고 갔다. 요네코에게 있어서 그러한 종교는 아무런 의미가 없었기에 그저 오가는 길에 어머니를 부축하고 다녔을 뿐이었다.

10월 초 어느 날, 어머니는 혼자서 그 집회에 가셨던 적이 있었다. 요네코는 그날의 일을 지금도 생생히 기억하고 있다.

"내가 학교에서 돌아오는 시간을 기다릴 수 없었던지 집에 돌아와 보니 어머니가 보이지 않았습니다. 나는 급히 그곳으로 달려가면서도 걱정이 되어 옆집 사람들에게 어머니를 보지 못했냐고 물었을 때 기분도 좋아지고 해서 산책삼아 혼자 걸어간다고 했다는 소리를 듣고 어머니의 뒤를 쫓아갔는데 어머니는 방문하고자 했던 집 앞에 쓰러져 계셨습니다. 나는 너무 놀랐습니다. 나중에 여러 가지 사정을 종합해 보니 그 집에 들어가려고 할 때, 커다란 개가 덤벼들어 어머니가 놀라 쓰러지셨지만 내가 그 곳에 당도할 때까지 아무도 어머니가 쓰러져 있는 것을 본 사람이 없었던 것 같았습니다. 나는 그 집 사람들을 불러내어 집 안으로 어머니를 모시고 들어갔지만 어머니는 의식을 잃고 있었습니다."

요네코는 어머니를 그 집 안방에 눕혀 놓고 의사를 부르기 위해 급히 나가려고 하자 어머니와 같은 종교의 신자였던 그 집주인 아주머니가 요네코를 붙잡으며 "의사는 부르지 않아도 된다."고 말하면서 신수(神水)라는 것을 가지고 왔다.

요네코는 당시의 상황을 수기에서 이렇게 적고 있다.

🦋 어머니는 혈압이 높으셔서 의사로부터 늘 주의를 받고 있었지만 말년에 쓰러지고 나서는 내가 부축해서 주로 온천 치료를 다니시곤 했다. 그러던 어느 날 오후, 어머니가 가깝게 지내던 사람의 집 앞마당에 들어서는 순간, 사고가 일어났다. 지팡이를 짚고 뒤뚱거리는 어머니의 걸음걸이가 이상해서 놀랐는지 평소에 놓아기르던 개가 갑자기 짖어대며 달려드는 바람에 균형을 잃고 그

곳에 쓰러지고 말았다. 어머니를 쫓아간 내가 놀라서 달려든 개를 떼어놓고 보니 어머니는 의식을 잃어가고 있었다.

급히 병원으로 달려가려고 하자 그 집 여자 주인이 나를 붙잡고 "의사를 부르지 마라. 내가 지금 신이 주신 물을 가지고 올 테니 그 물을 마시게 하면 당장 나을 수 있단다. 그러니 걱정 하지 말고 의사를 부르지 마라!"고 하며 만류했다. 주인 아주머니는 어머니와 같이 어떤 이상한 종교를 열심히 믿는 신자였다. 뜻밖의 말을 들은 나는 화가 나서 대들었다. "그런 물은 필요 없어요. 무슨 일이 생기면 즉시 연락하라고 의사 선생님이 말씀하셨단 말이에요. 빨리 의사 선생님에게 가야 해요!" 나는 아주머니의 손을 뿌리치고 의사에게 달려갔다. 내가 의사 선생님과 함께 돌아왔을 때에는 벌써 신수라는 물을 어머니에게 마시게 한 다음 몇몇 사람의 힘을 빌려 어머니를 우리 집으로 옮겨간 뒤였다.

어머니는 그 후 길고 긴 잠에서 깨어나지 못하고 결국은 다시는 돌아올 수 없는 사람이 되고 말았다. 장례식도 나에게는 덧없이 보였고, 시간이 지날수록 그 신수라는 물을 어머니에게 마시게 한 아주머니와 어머니가 속해 있던 종교 신자들의 우리 가족에 대한 태도에 변화가 일어나고 있음을 알게 되었다. 이전에는 친하게 오가며 만날 때마다 말을 건네곤 했었는데 이제는 쳐다보지도 않을 뿐더러 어쩌다 시선이 마주치면 얼굴을 돌리고 모르는 척 하고 지나가 버리는 것이었다.

그러던 어느 날, 그 사람들이 "요네코의 어머니가 죽은 것은 믿음이 부족했기 때문이다."라고 멋대로 퍼뜨리고 다니는 사실을 알게 되었다. 우리는 분노했다. 그리고 이 세상의 어떤 위대한 종교라고 할지라도 결코 믿지 않을 것이라고 다짐하고 또 다짐했다. 어머니는 쉰아홉 번째 생일을 맞이하기 일주일 전에 우리 곁을 떠나셨다.

장례식이 끝났지만 요네코에게는 어머니의 죽음이 믿어지지 않았다. 3일간 말 한 마디 없이 잠만 계속 주무시다가 숨을 거두셨기 때문이다. 요네코는 그런 어머니 머리맡에 이틀간 앉아 있었다. 그러나 언제까지 학교를 쉴 수 없지 않겠느냐는 아버지의 설득에 못 이겨 학교에 가기로 했다. 학교에 도착하자마자 갑작스런 전화를 받고 다시 집으로 돌아왔을 때에는 이미 어머니는 이 세상 사람이 아니었다.

"집에서 전화가 왔다는 말을 듣는 순간 '아, 어머니가 돌아가셨구나.'라고 생각했습니다. 그때까지만 해도 위독한 상태라고는 생각하지 않았습니다. '아, 이제는 틀렸구나!' 하고 생각하는 순간, 주위에 모든 것이 단번에 멀어져 가는 것 같았습니다. 눈에 보이는 것도 모두가 뒤죽박죽이었습니다. 가을의 태양은 분명히 온화하고 밝은 빛을 드리우고 있었지만 나에게는 가물거리는 회색빛으로 보였고 이 세상에 나 혼자만 남겨진 것 같은 기분이었습니다. 그런데 왠지 눈물은 나지 않았습니다. 장례식 때에도 그랬습니다. 언니는 울고 또 울고 그칠 줄 모르게 슬피 울었지만 나는 눈물이 나지 않았습니다. 현실은 어머니가 돌아가시고 이 세상에서 다시 볼 수 없게 되었는데도 '절대로 아니야! 어머니가 죽었다는 것은 거짓말이야!' 하고 부르짖으면서 애써 어머니의 죽음을 부인하려고 했습니다."

어머니가 정말로 돌아가셨다고 실감하게 된 것은 장례식에 관한 모든 행사가 끝난 뒤의 일이었다. 모였던 많은 사람들이 썰물처럼 사라져간 뒤 고요한 적막감이 집안을 감돌기 시작했을 때에 비로소 요네코는 무의식적으로 어머니를 찾아 헤매었다. 귀를 기울이면 어머니의 인기척이 났고, 그 기척을 더듬어 집안 이곳저곳을 찾아 다녔다. 그러나 어머니는 아무 곳에도 없었다. 그런 나날들이 며칠이고 계속되었다.

"아직도 어린아이였는지는 모르겠지만 학교에 있을 때에는 어머니가 돌아가셨다는 사실을 잊고 있었던 것 같습니다. 왜냐하면 집에 돌아가면 어머니가 기다리고 있을 것 같은 기분이 들었습니다. 그래서 친구들과 즐겁게 놀기도 했습니다. 그런데 집에 돌아오면 어머니가 안 계셨습니다. 어떤 때는 집에 돌아오자마자 '다녀왔습니다!' 라고 말하기 전에 '엄마, 배고파! 먹을 것 없어?' 하고 말하는가 하면, 집안 어느 곳에선가 어머니의 모습이 불쑥 나타날 것만 같이 느껴지곤 했습니다. 어머니가 돌아가신 후에는 언니가 집안일을 돌보고 이것저것 자상하게 해주었지만 어머니 같지는 않았습니다.”

'집에 들어가기 싫다.'는 마음이 언제부터인가 요네코의 마음을 사로잡기 시작했다. 언제나 옆에 계시던 어머니가 안 계신 집에 있으면 불안해서 견딜 수가 없었다. 그 무렵 요네코의 집안에는 서서히 변화가 일어나고 있었다. 큰오빠가 결혼해서 같은 동네지만 분가를 했고, 작은오빠는 대학에 다니면서 함께 살았지만 식사 때에나 얼굴을 대할 뿐 대부분의 시간은 자기 방에서 나오는 일이 없었다. 평상시에 과묵했던 아버지는 어머니가 돌아가신 후로는 더욱 말수가 적어져 가족들 모두가 정신적인 존재를 잃어버린 불안전한 생활을 하고 있었다. 이러한 가정환경이 다정다감함을 필요로 하는 사춘기의 요네코를 잡아 줄 수는 없었다. 그 후로 요네코의 귀가 시간은 점점 늦어지기 시작했다.

“처음에는 집에 돌아가고 싶지 않아서 주로 도서관에 갔습니다. 그 곳에 가면 친구들을 많이 만날 수 있었고 숙제도 하고 좋아하는 책도 읽으면서 시간을 보냈습니다. 그러나 차츰 차츰 도서관에서 공부하는 것도 싫증이 나기 시작했습니다. 나는 외향적인 성격 탓인지 책상에 앉아 있는 것보다는 몸을 움직이는 쪽을 더 좋아해서 언제부터인가 그룹 활동에 열을 올리고 다녔습니다. 그 것도 한 가지만 하는 것이 아니라 여러 활동에 끼어들곤 했습니다. 테니스, 등산, 연극 등 닥치는 대로 어떤 그룹이든 들어갔습니다. 그러나 어느 그룹에서건 몰두하거나 집착하지는 않았던 것 같습니다."

이 무렵에 있어서 요네코의 행동은 바람처럼 가슴에 스며드는 "공허감"을 잊어버리기 위한 것이었지만 그 공허감이 어디서 온 것인지 몰랐다. 어머니를 잃은 외로움이라면 납득이 가지만 그것만으로는 설명하기 어려운 어떤 불안이 늘 붙어 다니는 것이었다. 그것이 "산다는 것에 대한 불안"이라는 생각이 든 것은 훗날의 일이었다.

친구들과 사귀는 범위가 점점 넓어져가던 요네코는 그 중에서도 특별히 친한 친구와 함께 새로 개점한 음악다방에 드나들기 시작했다. 당시 그 근방에는 젊은 사람들이 출입하는 찻집은 거의 없었다고 한다. 더군다나 음악다방이라고 이름을 붙인 곳은 단 한 집도 없었던 시절이었다. 음악 50년사를 보면 이 해에는 맘보음악이 대유행이었다고 기록되어 있다. TV가 인기를 끌었던 것도 이 해부터였고, 여성의 아름다움의 조건으로 팔등신이란 유행어가 출현했던 것도 이때였다. 젊은 여성들 간에 오드리 헵번 스타일이 유행한 것은 다음해 5월에 오드리 헵번이 주연한 "로마의 휴일"이 상영되고서부터였다. 영화를 좋아했던 요네코가 여기에 빠져들지 않을 리가 없었다. "복장이나 헤어스타일 등으로 교칙을 어긴 적이 한두 번이 아니었습니다."

학교에서 맛볼 수 없는 즐거운 세상이 그 곳에는 있었던 것이다. 이러한 행동은 급속도로 진행되었다. 처음에는 동네 음악다방으로 만족하고 있었지만 언제부터인가 번화한 신주쿠까지 범위를 넓혀 가게 되었다. 집에서 전철을 타고 1시간 거리인 신주쿠에는 들뜬 어른들의 세계가 있었다. 요네코가 스케이트에 매력을 느낀 것은 이 무렵으로 스케이트장에 처음 데려다준 사람은 대학에 다니고 있는 작은오빠였다.

"작은오빠는 어머니가 돌아가시기 전부터 영어를 가르쳐주거나 수학공부를 도와주기도 했고, 6개 대학 야구시합 때에 메이지대학이 나갈 때는 응원하러 나를 데리고 가기도 하면서 나를 무척이나 귀여워 해주던 오빠였습니다. 덕분에 나는 지금도 야구를 좋아합니다만 역시 오빠에게는 오빠의 세계가 있었고, 나도 오빠를 따라 다니는 것에 싫증이 나서 친구들과 어울려 스케이트를 타러 다니게 되었습니다. 그러다보니 용돈이 부족하게 되었습니다. 아버지는 나의 어리광에 꼼짝도 못하셨으므로 졸라대기만 하면 '용돈이 벌써 떨어졌니?' 하시면서 당시로서는 꽤 큰돈을 내 손에 쥐어 주시곤 하셨습니다."

당시 스케이트장에는 멋쟁이 청년들과 대학생들이 중심을 이루고 있었다. 요네코의 주위에도 언제부터인가 이런 젊은이들이 모여 들게 되었고, 요네코는 그들과 어울리는 동안에 담배도

피우고 술도 마시게 되었다. 그뿐 아니라 당시 유행하던 맘보춤을 미친듯이 추고 돌아다녔다. 다하라 씨 부부가 강연 여행을 할 때마다 동행한 일이 있었는데 고속도로를 아키도시가 운전하는 차 안에서 요네코는 이런 말을 한 적이 있다.

🦋 "나는 스릴이 넘치는 것을 좋아했습니다. 오토바이 뒤에 타고 마음껏 달리는 것을 좋아해서 젊었을 때에는 그런 무모한 짓을 많이 했습니다."

현재는 오토바이가 많이 보급되어 폭주족이라는 풍속이 일반화되고 있지만 요네코가 열중했었다는 1954년 무렵엔 오토바이는 특정 인물이나 갖고 있던 시절이었다. 요네코가 얼마나 행동적이고 유행에 민감하였던가를 짐작할 수가 있다.

초개같은 나의 생명

그러나 이렇게 분방하게 보이는 듯한 행동을 일삼는 반면에 요네코는 자신을 냉정한 눈으로 볼 수 있는 안목을 가지고 있었다. 자신의 광적인 행동을 불안해 하는 마음이 없지 않았다. '이런 이상한 짓만 하고 다니면 나는 장차 어떻게 되는 것일까? 아,

두렵다. 누구에겐가 나의 불안을 토하고 싶다. 이런 나를 붙잡아 줄 사람은 없는 것일까?' 이것은 18세 소녀의 가슴 속에서 들려오는 비명이었다. 요네코는 이 처절한 비명을 의식하면 할수록 이러한 생각을 떨쳐 버리려는 듯 더욱 미친듯이 노는 데만 열중하였다. 자신의 주위를 아무리 돌아보아도 붙들고 호소할 수 있는 사람은 없었기 때문이었다. 요네코는 딱 한 번 자신이 신뢰하던 고등학교 선생님에게 이렇게 질문한 적이 있었다.

"인간이란 그저 되는 대로 그날그날 살아가는 것이 아닐까요? 그런 인생이라면 차라리 안 사는 것이 낫지 않습니까?"

평상시 밝은 성격에다 날마다 친구들에게 둘러싸여 즐거워 견딜 수 없는듯이 행동하던 요네코였기에 선생님은 지극히 일반적인 사춘기 여자 아이의 고민일 것이라고 받아들였던 것 같다.

"선생님에게는 내가 그렇게 진지하게 고민하는 것처럼 보이지 않았던 것 같았습니다. 그래서 '너는 바보가 아니지 않니? 그런 것을 생각할 여유가 있으면 공부나 해라!' 고 하시며 진실하게 받아주지 않았습니다. 그것이 나에게는 불만이었지만 정직한 얼굴을 하고 물어본다는 것은 어딘가 약한 모습을 보여주는 것 같아서 장난기 섞인 말투로 말했습니다. 그렇지만 이런 말을 하면서도 '이 모습은 진정한 내가 아니야!' 하는 마음이 나를 지배하고 있었습니다. 밤에 혼자가 되었을 때에는 나의 쓸쓸한 감정을 다스리기가 힘겨웠고 점점 생각이 깊어지고 있지 않았나 생각됩니다."

요네코가 부딪히게 된 "인간의 존재"에 대한 의문과 고민은 인간에게 있어 생명의 개화기라고 할 수 있는 사춘기 때부터 누구라도 한 번쯤은 경험하는 것이다. 그것은 자신 속에 있는 강한 생명력에 얽매어진 당연한 결과로서 불안한 일이 아닐 수 없었고, 요네코의 나이는 삶에 대한 의지가 왕성했던 시기였기 때문이다. "살고 싶다. 그러하기 위해서는 목적이 있어야 한다. 그러나 그것을 어디서 찾아야 할지 알 수 없다. 누군가 가르쳐 주기를 바라지만 그 누구도 가르쳐주지 않는다." 요네코는 이런 모순 속에서 홀로 몸부림 칠 수밖에 없었다.

"나의 생활의 그렇게도 큰 부분을 차지했던 어머니가 절대로 다시는 돌아 올 수 없는 사람이 되고야 말았다는 사실을 실감하게 된 것은 돌아가신 후, 어느 정도의 시간이 흘러간 뒤에야 천천히 그러나 확실하게 다가왔습니다. 학교에서 돌아왔을 때 전처럼 나를 기다려 주던 간식이나 어머니의 자상한 모습은 집안 어느 곳에서도 찾아 볼 수가 없었습니다. 내가 목이 메도록 어머니를 불러도 차가운 정적만이 있을 뿐이었습니다. '어머니, 왜 돌아가셨나요?' 어둡고 냉랭한 집에 들어가기가 싫어서 나는 수업이 끝난 뒤에도 몇 시간씩 도서관에서 시간을 보내다가 집으로 돌아가는 날이 많아졌습니다. 처음에는 읽기 쉬운 문학 서적이나 소설책을 닥치는 대로 읽었지만 나도 모르는 사이에 인간이 살아가는 여러 가지 방법에 관심을 갖게 되었고 드디어 아주 진솔하게 인간으로서 살아가는 일을 생각하게 되었습니다."

요네코는 당시의 상황을 수기에서 이렇게 기록하고 있다.

🦋 어머니는 나에게 아무 말도 못 하시고 그렇게 속절없이 이 세상을 떠나고 말았다. 그리고 나에게는 어머니가 어디로 가셨는지조차 알 수 없다. 어머니의 삶은 과연 행복한 삶이었을까? 지금의 나처럼 자신이 무엇 때문에 이 세상에 태어나서 무엇 때문에 살아가야 하는 것인지도 모른 채 죽어 가야만 했던 것은 아니었을까? 나의 어머니뿐만 아니라 나의 주변에 살고 있는 많은 여성들 가운데 과연 하루하루를 "살아 있어서 좋았다."라고 진심으로 말할 수 있는 사람은 몇 사람이나 될까? 그리고 살아 있다는 사실에 기쁨을 느끼는 사람은 과연 얼마나 될까? 제일 중요한 것은 나 자신이 그렇게 살 수 있을 것인가 하는 문제다. 나는 부질없이 그저 하루하루를 무의미하게 사는 삶이 싫다.

어떤 한 남자와 결혼해서 아이를 낳아 기르고, 아이를 기르는 수고가 겨우 끝났다고 생각할 때에는 아이들은 집을 떠나고 홀로 남아서 살아가며 결국 할머니가 되어 살아온 한평생을 돌아보며 "나의 생애는 수고와 고통뿐이었구나!"라는 삶은 싫다. 그런 인생이라면 차라리 삶을 포기하는 편이 낫지 않을까? 생각하고 또 생각하고 문학 서적이나 철학에 관한 책을 이것저것 읽어보았지만 이렇게 각박한 나의 마음에 시원한 해답을 주지는 못했다.

"너의 생각은 너무 지나치다. 너 같은 아이가 그런 것을 자기의 전유물인 양 생각한다는 것 자체가 복에 겨운 이야기가 아닐까? 공부하는 데 좀 더 정성을 기울이면 그런 일 때문에 고민하는 일은 없어질 것이다." 내가 이런 생각에 잠겨 있던 어느 날 질문을 하는 나에게 선생님은 웃으면서 "너 같은 아이가…" 그렇게 핀잔을 받은 것은 당연했다.

요네코는 계속해서 수기에 다음과 같이 기록한다.

어머니가 돌아가신 뒤부터 점점 스며드는 인간의 삶과 죽음의 현실을 어떻게든 털어버리려는 듯 나는 여러 가지 운동으로 자신을 불태웠다. 교내 대표로 육상선수가 되어 타교의 선수들과 겨루기도 하고 발레, 테니스, 등산, 연극 등 할 수 있는 것은 무엇이든지 다 했다. 그렇게 열중하고 있을 때에는 나름대로 기쁨과 즐거움도, 어느 정도의 만족감도 있어서 그렇게 지내는 순간만은 모든 고뇌를 털어 버릴 수 있었다.

당시에 항상 갖고 다니던 작은 수첩에는 갖가지의 시(恃)를 빼곡히 써 가지고 다니기도 했다. 복장과 헤어스타일을 멋대로 하고 다녀서 학교 교칙을 어기는 일이 한두 번이 아니었다. 그렇게라도 하면 조금이나마 기분이 좋아지지만 사실 나의 마음 깊은 곳에서는 어떤 아픔을 당해도 좋으니 누군가 나의 마음속에서 필사적으로 절규하는 소리를 들어주기를 갈구하고 있었다. 그러나 아무리 발버둥쳐도 외로움은 사라지지 않았고 산다는 것이 허무하게만 느껴져서 견딜 수 없을 때에는 영화관에 들어가서 하루에도 몇 편의 영화를 보고는 했다. 그러면 으레 정해 놓은 것처럼 친구가 생기고, 담배를 피우고, 매일같이 독한 술로 만사를 잊으려고 하는 일이 계속 되었다. 살고 있다는 것이 허무하게만 느껴져서 하루라도 빨리 죽고 싶다거나 죽어서 어머니 곁으로 갔으면 좋겠다는 마음을 먹고 골똘히 생각에 잠기게 된 것도 이때부터였다."

요네코는 이 수기를 사고를 당한 지 24년이 지난 뒤에야 처음으로 쓰고 있다. 그동안 혼란스러웠던 심리 상태는 긴 세월과 더불어 씻기고 정리되었다고 할 수 있지만 선명한 기억으로 남아 있는 1955년 2월 14일, 요네코에게 있어서 운명의 날이 된 이날의 사고 경위를 그녀의 고백을 통해 다시 한 번 살펴보자.

24년 전에 일어난 일

눈비가 섞인 찬바람이 사정없이 불어대는 오다큐센(線)의 4번 플랫폼엔 전차가 조용히 출발을 기다리고 있었습니다. 나는 인기척이 뜸한 심야의 플랫폼에 서 있다가는 사람의 눈에 띄기 쉽고 술 취한 사람들의 주정을 받을지도 모르기에 남의 눈에 띄지 않도록 걸어서 전차 옆을 지나 플랫폼 끝 쪽으로 갔습니다. 그리고 계단을 두서너 개쯤 내려간 곳에서 차디찬 콘크리트 바닥에 앉았습니다. 2층짜리 건물인 지금의 플랫폼이 아니라 불어대는 바람을 막아줄 수 있는 것이 없었던 그 플랫폼에 앉아 추위에 떨면서 다시 한 번 돌아가신 어머니의 일, 가족들의 일, 친구들의 일, 그리고 그렇게도 내가 알고 싶어 했던 일이지만 삶에 대한 의미를 가르쳐 주지 않았던 몇몇 선생님들의 일들을 생각했습니다.

그날은 하루의 대부분을 신주쿠의 스케이트장에서 스케이트를 타면서 떠들고 놀았습니다. 그야말로 정신없이 미끄러져 나가는 순간만큼은 외로움으로 가슴 졸이는 일도, 허무함으로 견딜 수 없어 몸부림치는 일도 모두 잊어버렸습니다. 정신없이 타고 난 뒤에 나는 친구들과 헤어져 다음에 무엇을 해야겠다는 계획도 없이 역 쪽으로 걸어갔습니다. 이제는 집으로 돌아갈까 생각하면서 신주쿠 역까지 온 나는 차표를 사가지고 안으로 들어갔습니다. 그리고 중앙선으로 가는 계단을 다 올라갔을 때 다카오행 전차가 플랫폼을 막 떠나고 있는 것이 보였습니다. 그때가 밤 9시 경이었다고 생각합니다.

당시의 하치오지에 가기 위해 타는 다카오행 전차가 밤늦게는 오래 기다려야 했습니다. 전차를 놓치고만 나는 화가 나서 견딜 수가 없었습니다. 화풀이 할 데도 없어 스케이트를 손에 든 채 서 있으려니까 왠지 모르게 바다에 가고 싶다는 생각이 들었습니다. 무엇이 나로 하여금 그런 마음을 갖게 했는지 알 수가 없습니다. 사람들이 눈치 채기 전에 암흑이 지배하는 세계로 끌어들이려는 어떤 힘이 그렇게 작용했는지도 모릅니다. 나는 바다에 가고픈 생각에 안절부절 하다가 어느덧 나의 발걸음은 오다큐센 플랫폼을 향하여 걸어가기 시작했습니다.

'에노시마에 가자! 바다에 가서 파도 속에 뛰어들어 뒹굴면서 마음껏 큰소리로 외쳐보자! 그래, 그러자!' 나는 정신없이 플랫폼으로 뛰어가 차표를 사기가 무섭게 에노시마행 전차에 올라탔습니다. '그저 아무렇게나 되어도 좋다. 바다에 가서 질식할 것 같은 압박감과 공허함과 견딜 수 없는 외로움과 초조함을 마음껏 폭발해 버리자.' 이런 생각들이 나를 바다로 떠밀고 있었습니다. 전차는 내가 타자마자 바로 출발했습니다.

그러나 전차가 달리기 시작해서 몇 군데의 역을 지났을 무렵 이상한 현상이 일어났습니다. 무엇에 홀린 사람처럼 달리는 전차에 몸을 의지하고 있던 나는 창 밖에 비치는 경치가 여러 번 타고 다니며 본 경치와는 왠지 다른 것처럼 보였습니다. '이런 곳에 저렇게 침침한 곳이 있었던가? 저런 곳에 저런 건물은 없었는데… 이 전차는 에노시마행이 아니다.' 나는 허둥지둥 다음 정거장에서 내려 반대편 플랫폼으로 달려가 다시 신주쿠로 돌아갔습니다. 그리고 다시 에노시마행 전차를 분명히 확인한 후에 탔습니다. 그런데 이상하게도 다시 탄 전차에서도 똑같은 현상이 일어난 것입니다. 그리고 또 다음에도 그런 일을 몇 번이고 반복하던 나는 결국 바다에 가는 것을 포기하고 말았습니다.

플랫폼의 끝 쪽 계단에 쭈그리고 앉아있던 나의 귀에 출발을 알리는 경적소리가 들려왔습니다. 경적소리가 멈추자 라이트를 켠 전차가 천천히 움직이기 시작하는 것이 보였습니다. 그리고 그 차디찬 커다란 쇳덩어리가 내가 앉아있던 계단 바로 옆으로 지나가려는 순간, 마치 무엇인가에 떠밀리는 것처럼 오른쪽에서 그 전차 앞으로 나의 몸을 내던졌습니다. 구급차가 올 때까지는 많은 시간이 흘렀습니다. 그대로 두었다면 틀림없이 많은 양의 피를 흘리고 나의 생명은 그곳에서 끝나고 말았을 것입니다.

그러나 나를 미치도록 바다로 유혹했던 것과는 다른 누군가가 구해주었는데 그것은 플랫폼의 맨 끝에 자리 잡은 보선계원들의 대기소에서 근무하던 분들이었습니다. 그분들은 보선계에서 가지고 온 로프 같은 것으로 나의 절단된 팔과 다리를 동여매어 지혈을 했습니다. 얼마 후에 달려온 구급차에 실려서 나는 근처에 있는 동경의과대학 부속병원으로 옮겨졌습니다. 의식을 잃고 있던 나는 그제야 의식이 조금씩 돌아오고 있었는데 아주 먼 곳에서 울려대는 사이렌 소리와 누군가가 "아파요, 아파요!" 하고 부르짖는 소리를 들은 것 같은 생각이 들었지만 어디서 들려오는 것인지, 누가 부르짖고 있는지 알 수가 없는 상태에서 다시 의식을 완전히 잃고 말았습니다.

한밤중이 지나서인지 내가 옮겨진 병원에는 전문의는 모두 퇴근하고 송장처럼 되어버린 나를 치료할 수 있는 의사는 아무도 없었습니다. 그러나 여기서 또 한 번의 기적이 일어나고 있었습니다. 그것은 마침 외과전문의 한 분이 개인적인 볼 일로 잠시 병원에 들렀다가 귀가하기 위해 막 차에 오르려다가 여고생이 철도 자살을 하려고 했다는 소리를 듣고 지체하지 않고 수술실로 뛰어들어 나를 수술해 주었던 것입니다. 보통 때와 같으면 그 의사 선생님은 그 시간에 수술실에서 수술을 하고 계실 이유가 전혀 없는 분이었습니다. 아무 것도 몰랐던 나는 후일에 이 선생님이 회진할 때마다 많은 젊은 의사들에게 둘러싸여 치료하는 것이 이상해서 조금 친해진 간호사에게 그 까닭을 물어보았습니다.

"아, 그 선생님은 일본에서도 아주 유명한 의사 선생님이야. 어떤 환자든지 그 선생님에게 진료를 받으려면 오래 전부터 신청해도 될까 말까 한 분이셔. 그리고 보면 너는 참으로 운이 좋았어!"

내가 전혀 알 수 없는, 보이지 않는 하나님의 손길이 이러한 유명한 의사를 그 밤중에, 그 장소로 인도해 주셔서 나를 구해 주신 것이 아닐까라고 생각할 수밖에 없었습니다. 그러나 이 모든 일이 하나님의 섭리였다는 사실을 깨달은 것은 먼 훗날의 일이었습니다. 이렇게 유명한 의사의 손에 의해서 스스로 끊으려 했던 목숨을 다시금 확실한 생명으로 되돌려 받게 된 것입니다.

4
사랑을
주는
사람

사랑을 주는 사람

사고 뒷이야기

요네코는 사고가 난 뒤에 동경의과대학 부속병원으로 옮겨져서 수술을 받은 사실을 전혀 기억하지 못했다고 한다. 조금씩 생각나는 일은 있었지만 그것도 현실인지, 꿈을 꾸었는지 분명치가 않았다는 것이다. 실제로 2년 전 오다큐센 전철의 기록을 확인하기 전까지만 해도 국철 전차에 뛰어들었다고 생각했다.

"그 당시 나는 에노시마로 가서 바다를 보고 싶다는 생각을 했을 때부터 정신적으로 이상했던 것이 아닌가 하는 생각이 듭니다. 에노시마행 전차에 몇 번씩 탄 것도 그렇고… 그때 자살을 해야겠다는 생각이 잠재되어 있었는지도 모르겠습니다. 그저 '빨리 편해지고 싶다!'는 생각만이 나를 지배하고 있었던 것입니다.

'외로움에서 벗어나고 싶다!' 이렇게 생각하면서 에노시마행 전차를 탔던 것을 기억하고 있습니다. 그때 나는 심신이 몹시 피로해 있었던 것 같았고, 사고 전 몇 시간 동안은 마치 몽유병자와 같은 상태가 아니었나 싶습니다."

지금에 와서 요네코가 자살하려고 했던 동기를 규명한들 무슨 소용이 있겠는가? 그러나 한 가지 분명한 것은 친구들과 어울릴 때에는 신나게 떠들다가도 혼자가 되었을 때에 엄습해오는 무서운 고독의 그림자를 떨쳐 버리기에는 역부족이었던 것이다. 유명한 정신과 의사인 오하라 겐시로는 그의 저서 「우울증 시대」에서 자살자의 심리를 다음과 같이 쓰고 있다.

"자살자의 심리에는 공통된 특징이 있음을 볼 수 있다. 첫째는 고독이다. 물론 고독한 사람이 모두 다 자살하는 것은 아니다. 인간은 외로움을 참으며 또한 그것을 극복하면서 성장하는 것이라고 한다. 그러나 그것은 심신이 건강할 때의 이야기이고 건강치 못한 사람이 외로움을 참고 극복한다는 것은 매우 어려운 일이다. 현대가 물리적으로는 가족과 함께 생활하고, 친구와 더불어 공부하고, 함께 어우러져 일하는 사람들도 많지만, 심리적으로는 외로워지기가 쉽다. 가족 구성원의 수는 물리적으로 적어지고 있으며, 가족 간의 인간관계도, 학교나 직장의 인간관계도 모두 희박해져서 자칫하면 고독해 질 수밖에 없는 것이다.

자살자의 두 번째 심리적 특징은 '죽고 싶다'고 생각하는 한편, '누군가가 구해 주었으면' 하는 간절한 바람이 합쳐진 두 개의 마음이 존재하고 있다는 사실이다. 고독한 영혼은 주위를 향하여 구원을 청한다. 또한 그것은 미치든지 자살의 형태로 나타난다. 유서 비슷한 것을 써서 집안사람들의 눈에 띄기 쉬운 곳에 놓아두거나 죽음에 대한 이야기를 자주 뇌까리기도 한다. 그리고 행동으로 옮기게 되는데 반항적이 되어 결국은 가출과 같은 행동으로 나타나게 되는 것이다. 대부분의 경우 주위 사람들은 그의 고뇌를 알아차리고 구원의 손을 뻗치게 된다. 그러나 때에 따라서 주위 사람들이 알아차리지 못하든가 알고도 방치해 두게 되면 '구해 주었으면' 하는 그림자를 감추어 버리고 '죽었으면 좋겠다' 는 마음이 더 많은 비중을 차지하게 된다.

자살한 사람의 과거를 조사해 본 바에 의하면, 대부분이 자살의 예고 징후를 보였다고 한다. 자살 미수의 경력을 가지고 있는 자들도 많다. 예고 징후의 중요한 것들을 들어보면 직접적이거나 간접적인 죽음의 표현인 불면, 우울, 초조, 식욕부진, 체중감소 등을 들 수 있다. 이런 것들은 대개가 우울증이나 신경증의 증상이다. 그리고 이러한 증상은 우리들도 일상적으로 경험하고 있다. 누구에게나 있을 수 있는 심신의 변화라고 할 수 있다.

어느 날, 내가 강연회에서 이 이야기를 했을 때에 어떤 사람이 질문하기를 '나는 그런 일은 매일 경험하고 있어요. 자살의 예고 징후란 말은 당치 않아요!' 라고 말한 적이 있다. 그러나 결코 그렇지 않다. 자살이란 언제나 나에게서, 혹은 내 가까이서 일어나는 엄연한 현실인 것이다."

여기에 요네코가 가슴속에 품고 있던 문제를 푸는 열쇠가 있는 것이 아닐까? 언니 유리코가 말하는 사고 당시에 있었던 요네코의 일상생활 속에는 그 예고 징후라고 할 수 있는 행동을 볼 수가 있다.

"나는 지금도 요네코가 왜 그런 끔찍한 일을 저질렀는지 그 원인을 알 수가 없습니다. 어머니가 돌아가신 지도 일 년 이상 지났고 요네코의 태도에서도 뚜렷하게 변한 점을 전혀 발견할 수 없었기 때문입니다. 그래서 밤중에 경찰관이 사고를 알려 왔을 때도 가족들은 '설마' 나 '이상하다' 고 의심한 것이 사실입니다. '혹시 사실일지도 모른다' 는 생각이 없었던 것도 아닙니다. 다음 날 아침, 첫 차를 타고 병원에 가면서도 반신반의하였습니다. 요네코의 얼굴을 볼 때까지는 믿지를 못했습니다. 요즘 같으면 택시를 타고 밤중에라도 병원으로 달려갈 수가 있겠지만 당시는 날이 밝은 아침에 갈 수 밖에 없었습니다.

우리가 병원에 도착할 때까지도 수술은 계속되고 있었습니다. 요네코의 울부짖는 소리가 복도에까지 들려왔습니다. 수술이 끝나고 병실로 옮겨져서 처음으로 요네코의 얼굴을 보았을 때 요네코는 그때서야 의식이 돌아온 듯 '죄송해요.' 라고 말했습니다. 그때서야 비로소 '틀림없구나!' 하고 생각할 정도로 오빠도, 나도 믿어지지 않았습니다. 최근 아버지와 그때의 일을 이야기 한 적이 있는데 아버지는 사고가 나기 전에 주위를 정리한다고나 할까, 요네코가 자기의 방에서 물건들을 깨끗이 정돈하고 있는 것을 본 일이 있다고 말씀하셨습니다."

언니의 이 말은 요네코가 있는 곳에서 처음으로 한 말인데 요네코는 전혀 그런 기억이 없었다. 아버지는 당시 시청에 근무하는 공무원이었지만 밭농사도 짓고 있었기 때문에 이른 아침이면 밭에 나가 일하시고 나서 시청에 출근하셨다가 퇴근하면 곧바로 밭으로 나가 어두워서야 돌아오시곤 하셨다. 그러기에 요네코와 접촉할 수 있는 시간은 거의 없었지만 그럼에도 아버지는 딸의 거동을 잘 살폈던 것 같다. 아마도 아버지의 이러한 배려와 애정은 요네코 자신도 의식하지는 못했을 것이다.

도움을 받고 싶다는 것은 일종의 자살 예고 징후에 틀림없는 것 같다. "부모를 어떻게 생각하고 있었을까?" 아버지는 당시를 회고하면서 요네코에게 이런 말씀을 하셨는데 이 말씀 중에 아버지로서의 복잡했던 심정을 엿볼 수 있다.

사고가 난 날 집에서는 마지막 전차 시간이 지나도 돌아오지 않는 요네코를 걱정하면서 온 가족이 초조하고 불안한 마음으로 꼬박 밤을 새우고 있었다. 단 한 번도 무단 외박을 한 적이 없던 요네코는 놀러갈 때면 가는 곳을 꼭 말하곤 했었다. 그날도 스케이트장에 간다는 사실을 알고 있었고 언니는 신주쿠에 가는 요네코를 집 근처에서 만나 자기의 코트를 입고 있는 요네코에게 "더럽히면 안 된다."고 웃으며 말하자 요네코는 매우 쾌활하게 "걱정마!" 라고 대답했었다.

그런 요네코가 아무리 기다려도 오지 않자 불길한 생각이 가족들의 마음을 사로잡기 시작했다. '혹시 교통사고가 난 것은 아닐까? 그러나 만일 사고가 났다면 벌써 경찰에서 알려 왔을 텐데…' 하며 되도록 좋은 방향으로 생각하며 마음을 가라앉히고 '아마도 친구 집에서 자고 있는지 몰라. 연락이 없는 것은 무슨 사정이 있기 때문 일거야!' 그러나 이 생각 역시 좋은 생각은 아니었다. 어쨌든 다음날 아침까지 기다려 보자고 결론을 내릴 수밖에 없었다. 경찰에서 연락이 온 것은 날이 훤히 밝을 무렵이었다. 연락이 늦어진 이유를 요네코는 다음과 같이 말한다.

"거의 기억이 나지 않지만 제가 간간이 의식을 차릴 때마다 경찰관이나 의사들이 무엇인가 물어 본 것 같습니다. 그래서 겨우 집에 연락이 된 것 같습니다. 교통사고이지만 자살을 기도한 것이며 중태라는 것에 모두 아연실색 했는가 봅니다."

요네코가 언니로부터 이때의 사정 이야기를 들은 것은 어느 정도의 시간이 흐른 뒤의 일이었다.

"아버지는 경찰서에서 온 전화를 받고 충격을 받은 탓인지 말없이 방안을 왔다 갔다 하시면서 안절부절 하셨고, 올케가 염려가 되어 쉬시는 것이 어떠냐고 몇 번이나 말했지만 들리지 않는 것처럼 계속 방안을 맴돌고 계셨습니다. 아버지에겐 너무나 뜻밖의 일임에 틀림없었을 것입니다. 어머니가 세상을 떠난 후 더욱 아끼고 사랑했던 막내딸 요네코였습니다. 요네코가 원하는 것이라면 무엇이든지 다 들어주셨고, 간혹 잘못이 있더라도 야단치는 일이 결코 없었습니다. 집안에서 그렇게도 아버지의 귀여움을 독차지했던 요네코가 왜 자살을 시도했는지 이유를 알 수가 없었습니다."

아버지는 요네코가 어머니의 죽음을 얼마동안 믿으려 하지 않았다는 것을 알고 있었다. 집안 어딘가에 엄마가 있다는 착각 속에 이방 저방 찾아다닌 것도 잘 알고 있었다. 그러나 당시 요네코의 모습을 보면서 어느 정도는 상실감에서 회복된 것으로 생각했다. 왜냐하면 그 무렵 집안 일은 언니인 유리코가 맡고 있었다. 언니는 자신의 장래를 위해 일하고 있던 시내의 양장점을 그만두었다.

그러나 언제나 가족의 중심이셨던 어머니가 떠난 공간을 채울 수가 없었고 집안에 적막감마저 감도는 것도 어쩔 수 없었다. 시간이 지나고 날이 갈수록 요네코의 일상생활은 평온함을 찾아가고 있었다. '요네코에게 무엇이 부족했으며, 무엇이 불만이었는지 알 수가 없다.' 아버지는 자신의 마음속에 묻고 또 물어봐도 특별한 이유가 떠오르지 않았다.

어떻게 하면 죽을 수 있나요

요네코의 수술은 기적이라고 말할 수밖에 없을 만큼 성공적이었다. 병실로 옮겨진 요네코의 병상에는 언니 유리코가 시중을 들었다. 그러나 가족들의 눈에 삼지(三肢)가 절단된 요네코의 모습은 너무나 잔혹하게 비쳐졌다. '왜 이런 짓을 했을까?'라는 생각이 들때마다 눈물이 흘렀고, 가슴이 미어지는 듯한 아픔을 느꼈다. '어떤 어려운 일이 있어도 요네코의 일생을 보살펴 줘야 한다.'고 가족들은 마음속에 몇 번이고 다짐했다. 그로부터 일주일간 요네코는 혼수(昏睡) 상태에 빠졌다. 그때의 상황을 요네코의 수기에서 옮겨 본다.

내가 혼수상태에서 깨어난 것은 꼭 7일째 되는 날 밤이었다. 점점 의식이 또렷해지면서 벽과 모든 기물이 백색이며 그곳에 있는 사람들의 입고 있는 옷이 가운이라는 것을 깨닫는 순간, 내가 병원에 있다는 것을 알게 되었다. '결국 죽지 못했구나!' 죽지 못하고 살아난 것이 그렇게 고통스럽고 화가 날 수가 없었다. '부상은 어느 정도 일까?' 하는 불안한 마음으로 가만히 수족(手足)에는 이상이 없는지 모든 감각을 동원하여 나의 신체에 변화가 있는가를 살펴보았다.

'있다!' 분명히 있었다. 손과 발을 움직여 보았더니 손가락도, 발가락도 잘 움직여졌다. 나에게는 그렇게 느껴졌다. '다행이다.

손발은 별일 없구나!' 한때는 그렇게도 죽음을 원했건만 지금은 목숨을 건지고 손발이 무사한 것을 기뻐하고 있는 것에 조금도 모순 같은 것을 느낄 수가 없는 것이 이상했다. 나는 이때 인간의 신경은, 가령 손과 발이 절단되더라도 감각은 뇌에 전해 질수 있다는 것을 아직 알지 못하고 있었다. 그러나 진실은 결코 도망칠 수 없는 사실로 하나씩 하나씩 나를 침범해 왔다.

어느 정도 몸을 움직일 수 있게 된 어느 날, 나는 오른손에 손가락이 세 개 밖에 남아 있지 않음을 알았다. 엄지, 인지, 중지는 있었는데 그 옆에 있던 두 개의 손가락은 없었다. 그리고 또다시 일주일 정도 지난 뒤에야 나의 왼팔이 어깨로부터 없어져 버린 것을 알게 되었다. 그때까지는 의사와 간호사가 치료 할 때마다 나의 눈을 가리는 바람에 나의 몸을 볼 수 있는 기회가 없었다. 그러는 가운데서도 나의 신경은 여전히 수족은 물론, 모든 지체가 그대로인 것처럼 느껴졌다. 오른손의 두 개의 손가락과 왼팔이 어깨로부터 약 15cm 정도를 남기고 절단되고 말았다는 것을 알게 되었을 때에는 말할 수 없는 큰 충격을 받았지만, 전부터 여러 가지 운동을 해왔기 때문에 다리에 대해서는 어느 정도 자신이 있었다. 그래서 이 정도라면 '이제부터라도 어떻게 되겠지!' 하고 생각했다.

"언니, 나 나으면 스케이트를 탈 수 있겠지?" 나의 자살 미수 사건 때문에 날짜까지 잡아 놓은 결혼식을 연기하고 매일같이 병원에서 나를 돌봐주는 언니에게 내가 그렇게 말했을 때, 언니가 나타낸 반응에 나는 이상한 느낌을 받았다. "그럼, 그렇고 말고!" 여느 때와는 달리 어두운 말투와 어두운 얼굴로 밖으로 나가 버리는 것이었다. 언니의 수상한 행동에 의심을 품은 채 또 얼마의 시간이 지났다. 사고가 난 날부터 한 달 정도 지난 어느 화창한 봄날, 회진하러 온 의사가 처음으로 나에게 침대 위에서 상반신을 일으켜 보라고 했다.

"이젠 천천히 일어나는 연습을 해 보자."고 하면서 의사는 침대의 윗부분을 조금 움직이며 내가 상체를 일으키기 좋도록 해 주었다. 아무 생각 없이 하라는 대로 상체를 일으켰을 때, 갑자기 현기증 같은 것을 느끼며 상체가 그대로 앞으로 꼬꾸라지려고 했다. 나는 급히 두 손으로 몸을 안정시키려고 했지만 나의 왼손은 이미 없어진 뒤라 그것은 생각뿐, 나는 흉한 모습을 드러내며 앞으로 쓰러지고 말았다. 그리고 잠시 동안 몸을 일으킬 수가 없었다. 나의 눈에서는 눈물이 봇물 터지듯이 흘러 내렸다. 두 다리가 없어졌다는 사실을 그때 비로소 알게 되었다. 왼쪽 다리는 무릎 관절 아랫부분에서, 오른쪽 다리는 발목 부분에서 절단되어 있었지만 그때까지도 그런 사실을 전혀 모르고 있었던 자신이 처량하기만 했다. 눈앞이 캄캄해진 나는 '이제 다시 설 수가 없다. 걸을 수도 없고 아무것도 할 수 없다. 일생 동안 남의 도움을 받으며 살지 않으면 안 된다.' 이렇게 처참한 일이 더 이상 나에게 있을 수 없을 것처럼 느껴져 삶에 대한 의욕마저 사라지고 말았다. 나는 다시 한 번 마음 깊이 다짐했다. '죽는 길밖에 없다. 조금이라도 빨리 이제는 절대로 실수하는 일 없이 정확하게 죽을 수 있는 방법을 택해야겠다.' 나에게는 다른 길이나 다른 일은 생각할 여지조차 없었다.

그러나 가족들은 그런 나의 마음을 어느 정도 알고 있었던 것 같다. 될 수 있는 대로 빨리 확실한 방법으로 생명을 끊으려고 생각하고 있을 때, 이미 나의 주변에 있던 칼과 같은 위험한 물건들은 모두 치워졌고, 잠옷의 끈까지 단추로 바꾸어 달아 버려서 아무리 둘러보아도 자살에 사용 할 수 있는 도구는 보이지 않았다. 초조한 마음으로 곤혹을 치르고 있으면서도 그런 결심을 다른 사람에게 눈치 채지 않도록 그저 평안한 척 꾸미고 있던 나는 의사로부터 수면제를 얻을 수 있다는 것을 알게 되었다.

그 후로는 매일같이 "아이고, 아파 죽겠어요!" "잠이 오지 않아요!" 라고 호소만 하면 수면제를 얻을 수 있었다. 그렇게 해서 매일 수면제를 얻었고 그것을 먹는 척 하고는 하루 속히 충분한 치사량이 모아지기를 기다렸다. 내가 태어나서 처음으로 크리스천이라는 사람들을 만나게 된 것은 바로 이 무렵이었다. 어머니가 돌아가신 이후 종교라는 것에 몇 배나 강한 반감을 품고 있었고, 그때는 하루 빨리 죽는 것 이외에는 아무 것도 생각할 수 없는 의욕을 상실한 상태였다. 이유야 어떻든 그런 사람들이 초면인 나를 찾아 올 줄도 몰랐고, 이전부터 나의 일로 적지 않게 마음 아파하시던 고등학교 선생님으로부터 기독교에 관한 이야기를 들을 때면 무조건 사양할 수도 없었다. 그래서 아버지는 선생님의 기분을 상하지 않게 마음을 쓰면서도 내 딸은 구경거리가 아니니 오는 것을 사양한다고 말씀하셨다.

아버지로서는 분명한 거절이었지만 선생님의 부탁은 이런 것이었다. 선생님은 내가 다니던 고등학교에서 연극부의 주임을 맡고 계시면서 학교 근처에 살고 있는 미국인 선교사에게 일본말을 일주일에 몇 번씩 가르쳐 주고 계셨다. 그 미국인 선교사와 아주 친해진 어느 날, 선생님은 늘 마음에 걸려 있는 나의 일을 선교사에게 말했다. 선교사와 그 부인은 선생님의 말을 듣고 매우 놀랐을 뿐만 아니라 마음이 아파서 견딜 수가 없었던 것 같다. 그로부터 이틀 후, 선교사는 철도 자살을 하려던 그 소녀와 꼭 만나게 해줄 것을 간곡히 부탁해서 나에게 왔다고 했다.

크리스천과의 만남

그렇게 거절을 당하고도 선생님은 물러나지 않았다. 이 사람들은 다른 종교인들과는 다르다는 사실을 누누이 말씀하심으로써 겨우 아버지로부터 심방을 와도 좋다는 허락을 받고야 말았다. 나는 그때 하치오지 시내의 다른 병원으로 옮겨와 있었다. 다시 자살을 결심하고 나서부터 매일 조금씩 늘어나는 수면제를 바라보면서 내가 태어난 동네에서 죽고 싶다는 생각을 하게 되었다.

그래서 아버지께 떼를 써서 병원을 옮겼다.

맥클로이라는 선교사는 선생님의 안내로 나의 병실에 드디어 모습을 나타냈다. 일본말을 배우고 있는 중이라서 더듬거리는 말투였으나 미국인 특유의 푸른 눈과 서글서글하게 웃는 얼굴이 인상적이었다. 그렇지만 그런 것들이 나에게 있어서 무슨 의미가 있단 말인가?

그런데 그들은 약간의 선물과 기독교에 관한 소책자를 놓고 가는 일 외에는 특별히 자기들의 종교를 선전하려고 하지 않았다. 내가 예상하고 있던 것과는 느낌이 다른 사람들이어서 뜻밖이라는 생각이 들기도 했으나 불청객인 이 사람들이 빨리 돌아가 주기만을 바라는 나의 기분을 알아 차렸는지 그 사람들은 서둘러서 돌아갔다. 그때 선교사의 통역을 위해 한 일본인 청년이 같이 왔다. 20세가 될까 말까한 이 청년은 내가 한창 놀러 다닐 때 알고 지내던 남자들과 다른 점이 많았다. 입고 있는 양복은 구겨진 것이었고, 헐렁한 바지를 입고 있었는데 지금까지 별로 접하지 못했던 부드럽고 밝게 웃는 얼굴이 마음에 남았으나 종교는 비록 틀려도 사람이 미신이나 공포심에서 벗어나기 위해 무엇인가에 의지하고 싶을 때를 노려서 저들의 세력을 확장하려는 사람들임에 틀림없다는 생각이 들었다.

이 사람은 일본인인데도 외국 종교의 하수인 노릇이나 하고 있다고 생각하니 두 번 다시는 그 사람의 얼굴을 보고 싶지 않았다. 그 사람들에게는 잠시라도 마음을 열지 않았음은 물론, 묻는 말에 대답도 하지 않고 냉정하게 대해서 다시는 찾아오고 싶은 마음이 나지 않을 정도로 심하게 대했다. 그럼에도 불구하고 다음 주가 되자 그 두 사람은 또 나타났다. 아니 그 다음 주도, 또 그 다음 주도 변함없이 두 사람은 나를 찾아왔다. 나는 그 기독교인들은 도대체 어떤 사람들인지 전혀 이해할 수가 없었다. 어딘가 모자라는 사람들인가? 머리가 나쁜 사람들은 아닌 것 같은데 어딘가 모자란 것 같은 어수룩한 모습에서도 언뜻언뜻 내비치는 밝은 표정과 진실해 보이기만 하는 그 무엇이, 그리고 따뜻하고 부드러운 태도는 도대체 어디서 우러나오는 것일까? 사람이 무언가를 믿으면 그 신앙심이 사람을 변하게 하는 것일까? 그렇지 않으면 이 사람들이 말하는 것처럼 신(神)인 예수 그리스도가 정말로 사람을 구원할 수도 있고, 사람을 변화시킬 수도 있는 것일까?

나는 별로 달갑지 않은 손님을 맞이하면서도 점점 마음속에 새로운 의문이 생기는 것을 억제할 수가 없었다. 하나님을 믿는다는 마음을 갖지도 않았고, 성경에 쓰여 있는 글귀에 관심을 갖는 일도 없었지만 이 두 사람이 찬송가를 불러 주었을 때 이미 나의 마음은 끌리기 시작했고, 선교사 부인이 다섯 살짜리 딸과 함께 아침 일찍 일어나 나를 위해 특별히 구웠다는 과자를 받았을 때에는 진실이 듬뿍 담긴 그 마음의 씀씀이와 훈훈하고 따뜻한 사랑에 어느덧 나의 마음은 그들에게 사로잡혀 가고 있었다. 급기야는 이 사람들이 가지고 있는 아름다운 것을 나도 갖고 싶다는 생각을 점점 갖게 되었다.

그 청년의 이름이 바로 다하라 아키도시로 현재 요네코의 남편이 되어 있는 사람이다. 아키도시는 그 무렵 야간 고등학교를 졸업한 뒤에 하치오지 교회에서 외국인 선교사의 통역을 하면서 신학교에 진학하기 위한 준비를 하고 있었다. 이미 하나님께 헌신할 것을 서원했지만 한편으로는 어딘가 자신이 없었던 아키도시는 자신의 신앙을 확인할 수 있는 의미로서 전도에 온 힘을 기울이게 되었다. 그러한 순수함이 요네코의 마음을 사로잡은 것이겠지만 요네코는 강연할 때마다 두 사람의 만남에 대해서 유머러스한 말투로 이야기하여 청중을 웃게 했다.

다하라 씨 부부의 생활은 현재 한 달 대부분이 강연 여행으로 짜여 있다. 그것도 일본 전국에 걸쳐서 안 가는 곳이 없다. 강연을 의뢰하는 단체는 학교, 복지단체, 라이온스 클럽, 주부단체, 교회 등 다양하다. 강연회 내용은 의뢰 받은 청중의 대상에 따라 다소 뉘앙스의 차이는 있지만 대체로 요네코가 자살을 기도했던 동기와 장애를 입고 나서 가치관이나 인생관이 어떻게 변화해 왔는가 하는 데 집중하고 있다. 그 인생관 변화의 주역으로 등장하는 인물이 바로 아키도시이다. 자신의 체험을 이야기하는 요네코는 남편을 소개할 때에 이런 표현을 쓴다.

"내가 병원에 있을 때에 몇 번이고 몇 번이고 찾아오는 어떤 사람이 있었습니다. 그 사람의 얼굴을 보기도 싫었고, 만나고 싶지도 않았고, 아주 기분 나쁜 사람으로 보기만 해도 토할 것 같은 사람이었는데 실은 그 사람이 지금 나의 남편입니다. 그렇게도 미워했는데 서로 사랑하게 되어 결혼한 지가 벌써 20여 년이 되었습니다만, 이분과 결혼하기를 참 잘 했다고 생각하며 이제는 아무리 봐도 싫증이 나지 않는 사람입니다. 바로 그분을 소개하겠습니다."

다하라 씨 부부의 생활에 깊이 들어가 보면, 이러한 말들은 부부의 마음이 강한 애정으로 묶여져 있기 때문에 자연스럽게 나오는 말이라는 것을 알게 된다. 그리고 목사인 아키도시가 요네코라는 여성을 아내로 택하고 함께 살아가는 것이 신앙인의 참 모습이라고 생각하는 한편, 그런 말투가 자칫 오해를 불러일으키곤 하는데 그것은 아키도시가 목사이기 때문에 장애를 가진 요네코와 결혼한 것이 아니냐 하는 것이다. 그러나 아키도시는 이것을 분명하게 부인한다.

"나는 요네코를 한 사람의 인간으로서, 그리고 한 사람의 여성으로서 사랑했기 때문에 결혼한 것입니다. 요네코의 밝은 삶이 나를 변하게 했기 때문입니다."

이 말을 이해하기 위해서는 아키도시가 태어나서 자라난 환경을 더듬어 볼 필요가 있을 것 같다. 그러나 그 이야기는 뒤로 미루고 여기서 요네코가 병원에서 알게 된 선교사와 신출내기 전도사인 아키도시 청년이 보여준 "자애로움"과 "아름다움"을 요네코 자신도 소유하고 싶다는 생각이 어떻게 절실하게 되었는지 당시의 심리 과정을 더듬어 보기로 한다. 요네코는 처음으로 하나님의 존재를 알게 되었는데 하나님의 존재를 인정하는 방법 자체가 요네코다운 면모를 보여주고 있다는 생각이 든다. 신앙을 갖지 않은 사람에겐 알기 어려운 그 부분을 요네코는 나라(奈良)의 루터교회에서 행한 강연에서 설득력이 있는 말로 이야기하고 있다.

"내가 전차에 뛰어들어 죽지도 못하고 병원에서 수술을 받고 살아났을 때, '아, 나는 왜 이렇게 운이 나쁜지 모르겠다.'고 생각했습니다. 두 다리와 한 팔이 없어지고 그나마 오른손이 남았다고 하지만 손가락 세 개밖에 없다는 것을 알고는 이런 몸으로 살아갈 수는 없다고 생각했습니다. 왜 나를 구해주었느냐고 의사에게 항의하기도 했습니다. 그런데 그 의사는 '요네코가 살아있다는 것은 기적이에요. 사람들은 요네코가 살지 못할 것이라고 했어요!' 라고 말했습니다.

의사의 말에 의하면 타이밍이 잘 맞아 떨어졌다고 했습니다. 늦은 시간이었지만 보선계 직원들이 빨리 로프로 지혈을 해준 것이나, 한밤중이었음에도 일본에서 가장 유명한 외과계의 권위자인 의사를 만나서 수술을 받게 된 타이밍이 참으로 좋았다고 했습니다. 막연히 뛰어든 사고라고는 볼 수 없을 정도로 그분의 훌륭한 수술은 나중에 나의 상처를 본 외국의 유명한 의사가 '기적적으로 잘 봉해져 있다. 참고로 하고 싶으니 사진을 찍게 해 달라.' 고 말한 적이 있는 것을 보더라도 알 수 있다고 생각합니다. 그래도 나는 '어머니의 뒤를 따라 죽고 싶어. 살고 싶다는 의욕 같은 것은 없어.' 라고 생각하며 아픔을 견디기 위해 얻은 수면제를 몰래 모아 왔습니다. 그때는 죽는 것밖에는 다른 생각을 할 수가 없었습니다. 그런 나에게 두 사람이 나타나서 예수 그리스도를 전하였습니다. 나는 그때의 말을 지금도 기억합니다.

'하나님은 당신이 무엇인가 훌륭한 일을 할 수 있을 것이라고 생각하십니다. 사랑만 해 주시는 것이 아니라 당신의 모습 그대로 어떤 결점이나 약한 점이 있어도 당신이 좋아서 당신을 살리고 싶다. 구원해 주고 싶다. 행복해졌으면 좋겠다라고 생각하시기에 독생자 예수 그리스도를 보내신 것입니다. 예수님은 인간의 죄를 위해서, 그리고 당신이라는 개인을 죄에서 구원하시기 위해 대신 십자가에 달려 목숨을 버리셨습니다. 그러므로 당신은 이 일을 사실로 믿고 마음속에 받아들일 때에 비로소 하나님이 주신 승리 가운데 살게 될 것입니다.'

나는 그 말을 들었을 때, 그 사람들의 이야기가 진실인지 거짓인지 시험해 봐야겠다고 생각했습니다. 좋은 말로 사람을 유혹하여 돈이나 벌자는 식의 종교도 많이 있지만 도대체 이런 것들에 대해서는 관심조차 없는 두 사람의 크리스천을 보고 있노라면 생동감이 넘치고 늘 밝은 표정이었습니다. 마치 삶을 즐기고 있는 것처럼 보여 그런 것들이 매력적으로 비쳐졌습니다. 그래서 나도 자살하기 전에 다시 한 번 저 사람들과 같은 삶을 살 수만 있다면 얼마나 좋을까하는 생각을 하게 되었습니다. 예수 그리스도란 분이 정말로 그런 분이라면 한번쯤은 나의 인생을 걸어 볼 가치가 있지 않을까 하는 마음이 생겼습니다. 만약 저 사람들의 말이 거짓이라면 지금까지 모아온 수면제를 먹고 죽어버리면 그만이라고 생각했습니다. 나는 그때 죽을 수 있을 만큼의 수면제를 품속에 감추고 있었습니다.

그 수면제를 감싸 쥐면서 '하나님, 나를 구해 주세요!' 하고 부르짖어 봤습니다. 그리고 '거짓이면 나는 이대로 죽습니다. 지금 나에게는 어떤 종교도 받아들일 여유가 없습니다. 그러나 저들이 믿는 종교가 진짜라면 나에게 보여 주세요. 나는 더 이상 살 기력이 없습니다. 나에게는 손도, 발도 없습니다. 이런 내가 살려고 발버둥 쳐도 남에게 폐만 끼치게 될 것이 뻔합니다. 나에겐 가능성이란 전혀 없습니다. 죽는 일 외에는 방법이 없다고 생각합니다. 그렇지만 정말 당신이 내가 굳세게 살아가기를 원하신다면 제발 나를 도와주세요.'

나는 필사적으로 그렇게 마음속으로 외쳤습니다. 그날 밤부터 이상하게도 하나님의 일 외에는 아무것도 생각나지 않았습니다. 퇴원하면 어떻게 될 것인가? 생활은 어떻게 해나갈 것인가? 가족들에게 무거운 짐이나 되지 않을까? 이런 생각만 하고 있던 내가 그런 걱정들은 다 하나님께 맡겨 버리고 말았습니다. 정말로 기분이 홀가분해짐을 느꼈습니다. 그리고 다음날 아침잠에서 깨었을 때, 깜짝 놀랐습니다. 같은 손가락이지만 세 개밖에 없다고 생각하고 있었는데 '아! 나에게는 오른팔이 남아있다. 그 위에 엄지, 검지, 중지 이 세 개의 손가락이 가지런히 남아 있다'는 것을 깨닫게 되었습니다. 그것은 내가 남기고자 해서 남은 것이 결코 아니었습니다.

나중에 안 일이지만 그저 그런 모양으로 남아 있었던 것뿐이었지만 이것은 새로운 발견이었습니다. 오른손이 남아있고 그것도 손가락이 세 개나 있어서 이 정도면 무엇이든 거머쥘 수 있다는 생각이 들었습니다. 비록 세 개 뿐인 손가락이지만 이것으로 무엇이든 할 수 있다고 생각하니 기분이 좋아져 빨리 실험해 보고 싶었습니다. 그래서 간호사에게 부탁해서 연필을 쥐어 달라고 했습니다. 다행히도 연필을 잡을 수가 있었습니다.

무슨 글이든지 써보고 싶어서 두리번거리자 베개 옆에 한 권의 책이 놓여 있었습니다. 이 책은 두 사람의 크리스천이 주고 간 성경책이었지만 그때까지 보고 싶은 마음이 없어서 그저 내버려 두었던 책이었습니다. 그 무렵 나는 매일 두통에 시달리고 있었고, 왜 그런지 마음이 자꾸만 무거워지는 것을 느꼈으므로 책을 펼쳐보고자 하는 생각이 전혀 없었습니다. 그 성경책의 표지를 펼치고 공백이 있는 곳에 손가락 세 개로 나의 이름을 써보았습니다. 그렇게 글씨가 써지는 것이 신기하고 기뻤습니다.

생각해 보면 당연한 일이지만 그때 나에게는 어린아이가 처음으로 연필을 들고 자기의 이름을 쓸 수 있었던 것과 같은 심정이어서 그저 기쁘고 마음이 들뜨기까지 했습니다. 덕분에 이 세상에 태어나서 처음으로 성경의 책장을 넘기게 되었습니다. 바로 그때였습니다. 별로 읽어 봐야겠다는 의식도 없이 책장을 넘기고 있던 나의 눈 속에 한 줄의 글이 눈에 들어왔습니다.

"그런즉 누구든지 그리스도 안에 있으면 새로운 피조물이라
이전 것은 지나갔으니 보라 새 것이 되었도다"

이 말씀이 신약성경 고린도후서 5장 17절에 나오는 유명한 말씀이라는 것은 후일에 알게 되었지만 그 중에서도 "새로운 피조물"이라는 말씀은 나의 마음을 움직이기에 충분했습니다. 그리고 보니 '나도 달라지고 있구나!' 하는 생각을 했습니다. 이제까지의 나는 손가락이 세 개밖에 없다, 손이 없다, 걸을 수가 없다, 먹을 수도 없고 움직일 수조차 없다는 이런 사실을 놓고 고민하느라 머리가 쪼개지는 것 같이 아팠고, 그저 죽고 싶다는 생각만 했는데 그날 아침에는 죽고 싶다는 마음은 한 번도 일어나지 않았음을 깨달았습니다.

그것뿐이 아니었습니다. 손가락만 봐도 슬퍼했지만 이제는 손가락을 내려다보고도 슬픈 마음이 생기지 않았습니다. 참으로 이상했습니다. 슬픔보다는 오히려 '손가락이 세 개씩이나 있지 않니?' 하는 생각이 들어서 위로가 되었습니다. '왜 그럴까?' 라고

생각해 보았습니다. '왜 어제의 나와 오늘 아침의 나는 이렇게 다를까?'를 생각하던 나는 어제 저녁에 기도를 했던 것이 생각났습니다. 그리고 "새로운 피조물"이라는 말은 바로 이런 것이 아닌가 하고 생각해 보기도 하였습니다. 이러한 나의 체험을 꽤나 단순하다고 생각할 사람도 있을지 모르겠습니다.

그러나 그것이 나의 진정한 마음이었습니다. 그래서 나는 이제까지의 내가 아니고 새로운 피조물이 된 내가 새로운 인생을 시작하게 되었다고 생각했습니다. '이제부터는 손이 없고 발이 없어서 하는 걱정이나 근심을 버리고 없는 것은 없는 것으로 받아들이자. 손가락이 세 개밖에 없다는 것을 걱정한다고 해서 다시 생겨날 일도 아니다. 그러므로 하나님께서 그것으로 족하다고 말씀하셨으니 이제부터는 이 모습 이대로 살아가자. 살아 있다는 것을 내가 이렇게 기뻐하고 있으니까 이 기분을 억누를 것이 아니라 더 힘차게 살아가자.' 이런 의욕이 나도 모르게 솟아났습니다.

이때 비로소 처음으로 나는 하나님의 존재를 깨닫고 믿었습니다. 그리고 손을 볼 때마다 기쁨이 넘쳐서 눈물이 쏟아지는 것을 금할 수가 없었습니다. 지금까지의 나는 나 같은 것은 차라리 죽어 버리는 것이 더 낫다는 생각을 했었습니다. 그리고 '왜 보선계 사람들이 나를 구해 주었을까? 왜 유명한 의사가 나를 살려 놓았을까?'라는 생각이 들때마다 불가사의함을 느끼곤 했던 그것이 하나님을 믿고 받아들이게 되었을 때, 납득이 되었습니다. 하나님이 모든 섭리로 나를 구원해 주셨다는 사실을 알게 되었습니다. 그러기에 나는 홀로 살고 있는 것이 아니라 많은 사람들의 도움으로 살고 있다고 말할 수 있게 되었습니다.

보선계에 근무하는 분들도, 의사도, 경찰관들도, 구급차를 운전하시던 분도, 간호사들도 생각하면 헤아릴 수 없는 많은 분들이 지금의 나를 지탱하게 해주셨다는 생각을 하게 되었을 때에 비로소 나의 손을 바로 쳐다 볼 수가 있게 되었습니다. 그때까지만 해도 나의 손을 쳐다보는 것조차 두려워했었습니다. 그날 아침 사고 이후 처음으로 '밥이 먹고 싶다.'고 말했습니다. 전에는 무리해서 먹으면 토해버리고 말았는데 그날 아침엔 너무나 배가 고파서 무엇이든 먹고 싶어 견딜 수가 없었습니다. 그러나 간호사로부터 큰일 날 일이라며 제지를 당했습니다. 나는 매일 유동식과 주사로 겨우 견디고 있었기 때문에 갑자기 밥을 먹으면 안 되었던 것입니다. 그래서 죽을 먹기로 했는데 음식을 먹을 때에 수저를 드는 일이 겁이 나기도 했지만 세상에 태어나서 처음으로 수저로 밥을 먹을 때처럼 감동적인 순간이기도 했습니다.

죽을 한 숟갈씩 떠먹을 때의 맛은 지금도 잊을 수가 없습니다. '밥이 이렇게 맛있는 것이구나! 아니 산다는 것이 이처럼 기쁘고 황홀한 것이구나!' 나의 눈에서는 감격의 눈물이 흘러넘쳐 뺨을 하염없이 적셔 주었습니다. 그때의 기쁨을 지금도 잊을 수가 없습니다. 그때 처음으로 나는 마음속에 열심히 살아갈 기력이 용솟음쳐 올라옴을 느꼈습니다. 이것은 26년 전의 일이지만 지금도 그 마음엔 추호도 변함이 없습니다."

두 가지의 사랑을 받다

요네코가 "새로운 피조물"로 거듭나게 된 것은 1955년 5월 13일 아침이었다. 사고가 난 지 3개월, 이제 18세가 된 요네코는 그날 아침 자신의 눈에 비치는 모든 것이 그렇게 아름답게 보일 수가 없었다. 병실의 창문으로 스며드는 아침 햇살은 눈을 부시게 했고, 5월의 맑은 하늘이 가슴에 스며드는 것처럼 깨끗하고 아름다웠다.

그날부터 요네코는 완전히 달라진 사람이 된 것처럼 의사와 간호사는 물론 같은 병실 사람들에게까지 밝게 웃는 얼굴로 대하게 되었다. "안녕하세요?" 요네코가 먼저 밝은 표정으로 인사했다. 요네코가 그렇게 어두운 표정과 굳게 닫혀졌던 무거운 입술을 열어 밝게 재잘거리게 된 원인을 몇몇 사람은 날마다 찾아오는 아키도시 청년 때문이라고 추측하고 있었다. 그들의 눈에는 아키도시 청년과 요네코 사이에 호의 이상의 감정이 싹트고 있는 것으로 비쳐졌기 때문이었다. 그리고 그 추측은 그다지 빗나간 것이 아니었다. 왜냐하면 그로부터 약 1년 뒤에 아키도시 청년은 요네코에게 청혼을 했기 때문이다. 그때의 일을 회상하면서 말하는 아키도시의 말투에는 감정을 억제하려고 노력하지만 어딘가 감상적인 냄새가 묻어난다.

 "내가 요네코에게 마음이 끌리고 있다는 사실을 알게 된 것은 언제부터인지 단정하기는 곤란하지만 선교사와 같이 장애인 수첩의 교부라든지 그것을 수속하는 일 때문에 시청에 몇 번 드나들던 때였으니까 요네코의 정신 상태가 어느 정도 가라앉았을 즈음이었습니다. 카운터에 팔꿈치를 짚고 선교사와 대화를 나누고 있을 때 나도 모르게 '요네코와 결혼할 수 있을까요?' 라고 물었던 것입니다. 물론 그 이상의 말은 하지 않았습니다만 선교사가 정색을 하면서 '예, 할 수 있고 말고요. 그런 것(장애)은 도와주면 되는 것입니다.' 하면서 나의 얼굴을 조용히 응시하는 것이었습니다. 우리의 대화는 그것으로 끝났습니다. 그러나 선교사는 나의 마음을 읽은 것 같았습니다. 그래서인지 그분의 부인은 '빨리 편지를 쓰세요. 당신의 감정을 알려주어야 해요. 빨리 말해 줘야 해요.' 하고 매일같이 성화였습니다. 나는 대단히 내성적이었으므로 그런 격려가 꼭 필요했었는지는 모르겠습니다만 조금은 귀찮다는 생각을 하면서 당분간은 그대로 지냈습니다."

그 무렵 요네코는 하치오지에 있는 병원을 퇴원하고 때때로 선교사의 자택에서 행해지는 작은 모임에 출석하게 되었다. 요네코가 최초의 의족을 달게 된 것은 이런 모임을 통해서 알게 된 선교사들의 호의에 의한 것이었다고 할 수 있다. 그 일을 위하여 헌금을 모았고, 재수술에 필요한 수술비 전액은 국내에 있는 미군 기지의 미국인 교회에서 보내온 것이었다. 물론 그때도 아키도시가 중심이 되어 힘써 주었다. 요네코를 위하여 그렇게 일하고 있을 때, 요네코에 대한 감정이 점점 더 강해져 갔던 것 같다.

"요네코의 마음을 알고 싶었습니다. 어떻게든지 그녀에게 결혼에 관한 이야기를 하지 않으면 안 되겠다고 생각하고 의족을 만들기 위해 입원하고 있던 병원에 찾아가 '내가 지금 어떤 중대한 일을 놓고 기도하면서 하나님의 응답을 받기 위해 기다리는 중인데 당신에게도 관계가 있는 일이니까 이것이 하나님의 인도하심이라는 사실을 알 수 있도록 당신도 열심히 기도해 주세요!' 라고 말했더니 요네코도 짐작을 했는지 '나도 기도하겠습니다.' 하며 대답해 주는 것이었습니다. 그로부터 일주일 뒤에 다시 심방할 계획이었으므로 그동안 매일 성경을 읽으면서 내 마음을 지탱할 뿐만 아니라 결단의 근거가 될 수 있는 분명하고 확실한 하나님의 말씀을 달라고 기도하지 않을 수 없었습니다."

그때 아키도시는 22살이었다. 신학교에 입학한 것은 다음 해 3월이었으니까 세상적으로 생각하면 생활의 뚜렷한 목적이나 방향도 없던 시기에 결혼을 해야겠다는 결심을 한 것이다. 무모한 일임에는 틀림없지만 그때의 아키도시에게는 오직 요네코 생각으로만 머릿속을 가득 채웠던 것 같다. 일주일 동안 기도하며 성경을 읽은 결과 아키도시가 하나님의 응답을 받은 말씀이 있는데 마태복음 18장 19절에 있는 말씀이었다.

"진실로 다시 너희에게 이르노니 너희 중의 두 사람이
땅에서 합심하여 무엇이든지 구하면 하늘에 계신
내 아버지께서 그들을 위하여 이루게 하시리라"

이 성경말씀이 다하라 아키도시의 마음에 확신을 갖게 하였
고, 결혼 문제로 인한 방황은 끝났다고 생각하게 된 결정적인 원
동력이 되었다.

"나는 난생 처음으로 프러포즈를 하기 위해 편지를 썼습니다.
예정된 방문 날짜까지 기다릴 수가 없어서 먼저 편지를 보내야겠
다고 마음먹었습니다. 그러나 방문 날짜가 변경되어 좀 더 일찍
만날 수 있게 되었기에 그 편지를 직접 요네코에게 가지고 갔습니
다. 그때 마침 간호사가 요네코의 휠체어를 밀고 나오다가 나
에게 건네주었습니다.

나는 요네코의 휠체어를 밀고 딴 방으로 들어갔습니다. 그때 그
방의 모양은 지금도 확실하게 떠오릅니다. 그곳은 5월의 따스한
햇살이 스며드는 조용한 방이었습니다. 창 밖에는 카나리아가 청
아하게 울고 있었습니다. 그 조용한 방에서 나는 요네코에게 사
랑의 고백을 했습니다.

그리고 가지고 있던 편지를 건네주면서 요네코의 동정을 살피
고 있을 때, 요네코가 '그때부터 계속해서 기도하는 가운데 하나
님께서 저에게 말씀을 주셨어요!' 라고 말하면서 하나님의 말씀

을 들려주었는데 그 말씀이 하나님께서 나에게 주신 말씀과 같았습니다. 그래서 '이것은 하나님의 응답이 분명하구나! 요네코와 함께 하라는 하나님의 은총이구나!' 라고 확신하면서 더욱 힘을 얻었습니다.

'100세에 아들을 얻었던 아브라함의 하나님과 우리가 믿는 하나님은 같은 분이 아니신가? 그러니까 똑같은 기적을 기대하자. 우리의 힘으로 할 수 있다는 생각은 하지 말고 모든 것을 하나님께 맡기고 기다리자. 우리 꼭 결혼하여 힘을 합쳐서 험한 세파를 헤치고 살아가자!' 고 우리는 굳게 결혼을 약속했습니다.

이것은 나중에 들은 이야기지만 요네코는 너무 기뻐서 어쩔 줄을 몰라 했던 것 같다. 친하게 지내던 간호사가 "무슨 좋은 일이 있니?" 라고 물을 정도로 그녀의 모습은 생기가 넘쳤고, 얼굴에는 희열이 감돌았을 만큼 큰 기쁨이었다.

스물두 살과 열여덟 살의 젊은 아름다운 한 쌍의 연인들이었다. 이때에 두 사람에게는 장애라는 고통은 안중에도 없었다. 그래서 요네코의 가족들에 대한 생각은 아예 잊어버리고 있었다. 그저 하나님께서 우리의 뒤에 계셔서 모든 어려움을 막아주고 계신다는 확신이 모든 난관을 극복하고 해결해 줄 수 있을 것이라고만 생각하고 있었다.

5
다시
만남

다시 만남

외국 종교의 끄나풀 같은 청년

아키도시가 선교사를 택하게 된 것은 집안 사정 때문이었지만 특히 부친과의 관계가 깊이 얽혀 있었기 때문이었다. 아버지 류조 씨는 자식들에게 대단한 고집쟁이로 비쳤던 것 같다. 아키도시의 기억에 의하면 위로 형 게이치가 있었지만 맹목적인 사랑이라고 할 정도로 아키도시만 아버지의 사랑을 독차지하였다. 야단맞는 쪽은 언제나 형이었다.

이처럼 애정 표현에 있어서 편애가 심한 아버지는 젊은 시절에 유명한 작곡가와도 친교가 있어서 큰 요정에서 바이올린을 연주한 적도 있었다. 그러나 아버지는 자신의 음악적 재능을 살리지 못하고 은행원으로서 생활하였다. 이런 생활에 강한 자기모순을 느꼈는지 아니면 울적한 심정이 반영된 것인지 아버지는 아내인 하루에 씨에게 자주 짜증을 부리기도 했다.

 "지금 생각해 보면 아버지의 마음을 헤집는 괴로움이 있었구나! 하고 아버지를 이해할 것도 같습니다. 그러나 그때는 이렇게 외로운 것이 가정인가, 이렇게 냉랭한 것이 가족인가라는 생각이 많이 들었습니다."

이렇게 말하는 아키도시의 성격 형성은 이러한 가정환경에 크게 영향을 받았다는 것을 짐작할 수 있다. 아키도시는 나이가 들수록 "인생" "사랑" "가족" 등 이런 것이 도대체 무엇인가 하는 의문에 부딪쳤고 그것이 결국은 염세적 인생관을 싹트게 했다. 그래서 자기 나름대로 살아가는 방법을 모색하기 시작한 아키도시는 '교육을 받은 사람이 저렇게 살 수밖에 없는 것이라면 인생을 좀 더 다르게 사는 방법도 있을 것이다.' 라고 생각했다.

그러나 그 다른 삶의 방법을 확실히 발견하지 못한 아키도시는 아버지의 사는 방식을 따르지 않으면 안 되었다. 늘 병약했던 아버지는 30대 후반에 은행원에서 약재상으로 전업했다. 그 후 일본이 패전할 무렵, 도쿄 니혼바시에서 하치오지로 가서 미국 진주군을 상대로 토산품점과 식당을 경영하였다. 그리고 친구의 권유로 장래성이 있다는 자전거 대리점까지 경영하게 되었다.

 "아버지는 마음이 선한 분이어서 남에게 속아 넘어가는 일이 많

있습니다. 다시는 실패하는 일을 되풀이 하지 않겠다고 맹세했지만 모두가 허사였습니다. 이런 와중에서 아버지는 삐뚤어진 인생관을 가지게 되었고, 그 속에서 헤어 나오지 못했습니다. 나는 그런 아버지가 납득이 가지 않았기 때문에 자주 충돌하게 되었습니다."

1946년 5월 어머니가 뇌일혈로 세상을 떠났고, 형 게이치도 전사했다는 통보를 받았다. 이제 가문을 이을 사람은 아키도시였다. 그래서 아키도시는 자전거 대리점을 시작하겠다는 아버지의 의사에 따를 수밖에 없었다. 약 1년 정도 아키도시는 아버지와 셋방살이를 하면서 친분이 있는 사람의 자전거점에서 기술 수습이라는 형식으로 일을 했다. 그리고 그해 봄에 작은 가게가 딸린 집을 마련하여 "다하라 자전거 대리점"을 시작했다. 모든 일이 아버지 뜻대로 순조롭게 진행되었다. 그리고 아키도시가 당시 하치오지에서 전도활동을 활발하게 펴고 있던 미국인 선교사들과 접촉을 갖게 된 것도 이때부터였다.

"자전거 대리점을 하고 있었지만 나 자신이 이대로 끝나고 마는 것은 아닌가 하는 생각이 들었습니다. 인생을 보람 있게 사는 것이 무언인지는 모르지만 따로 무엇인가 있는 것이 틀림없다고 생각했습니다. 그래서 나름대로 대학에 가고 싶다든가, 자유로워지고 싶다든가 하는 장래에 대한 것들을 생각했고, 그런 번민이나 인생의 괴로움을 발산시킬 대상이 필요하다고 생각했습니다. 바로 그 욕구불만의 발산처라고 할 수 있는 곳이 선교사들이었습니다."

아키도시는 요네코처럼 육체적인 장애를 입고 있지 않았다. 그런 사람이 왜 하나님을 찾게 되었을까? 그리고 그 충동은 무엇이었을까를 찾는 것은 대단히 어려운 일이겠지만 나름대로 말한다면 아키도시가 자신의 사는 방법을 진지하게 찾아 도달한 곳에 그것이 있었다고 할 수 있을 것 같다. 다시 말해서 아키도시는 육체적인 장애가 아니라 내면적인 깊은 장애를 입고 있었다고 보아도 옳을 것이다.

아버지의 사는 방법에 반발하는 일은 흔히 볼 수 있다. 그러나 그것을 자신의 상처로, 때로는 인간이 져야할 상처로 받아들이는 사람은 많지 않을 것이다. 아키도시도 아버지에 대한 사랑이 강한 만큼 반발의 강도는 그 애정의 무게와 정비례되었다. 아버지가 살아가는 방법에 강하게 반발하면서도 그 의사를 받아들였던 아키도시의 착한 마음씨를 엿볼 수 있을 것 같다.

아버지는 그 무렵 재혼하셨다. 젊었을 때에 친교가 있던 작곡가 야마다 선생을 중심으로 한 그룹 멤버 중의 한 사람이 아버지를 중매했는데 아버지는 만주에서 철수해 온 미망인 사토 나츠요라는 여성을 아내로 맞이하게 되었다. 이 여성의 조부는 명치 원년에 존 번연의 「천로역정」을 처음으로 번역한 사람이었다. 열심 있는 크리스천이며, 지금도 사회적으로 대단한 활동을 하고 있다. 그러나 이런 일들이 아키도시의 신앙에 영향을 끼쳤다고 볼 수는 거의 없다. 그는 자신의 의지와 전혀 다른 인생길을 걷고 말았기 때문이다. 고통스러웠던 옛 일들에 대하여 깊이 반성하며 살아온 아버지가 아마도 마지막일지 모르는 생활의 안정을 고집하는 모습을 보며 아키도시는 거기서 인간의 비애 같은 것을 느꼈을 것이다. 이 부드럽고 민감한 감성이 아키도시가 하나님을 찾게 된 원인이 되었다면 지나친 말일까? 그렇지 않으면 아키도시가 "헌신"을 결심하기까지의 심정과 행동을 이해할 수가 없을 것이다.

1950년 4월 아키도시는 17세가 되던 해에 야간 고등학교에 진학했다. 주간에는 자전거 대리점에 전념하지 않으면 안 되었기 때문이다. 그로부터 4년 동안 "다하라 자전거점"의 경영은 순조롭게 진행되었다. 인생의 전기는 요네코의 결혼에서 볼 수 있듯이 그때 만났던 사람으로 인해서 방향이 결정되는 일이 많다. 아키도시의 인생은 가끔씩 만나고 있었던 미국인 선교사에 의해서 방향이 결정되어졌다. 사실 그 무렵부터 아키도시는 전도자가 되지 않겠느냐는 선교사의 권유를 받고 있었지만 그것을 결심하기까지는 많은 고민이 뒤따랐다.

"그 권유 때문에 많이 고민했습니다. 막연하게 사명감 같은 것을 느꼈지만 그것만으로 결심할 수 있는 것은 아니었습니다. 그래서 여러 사람들에게 특히, 평상시에는 말조차 건네기 어려웠던 사람들에게까지 찾아가서 상담이라고 할까, 나의 생각을 털어놓고 대화를 나누기도 했습니다. 어떻게 하든지 도망치고 싶었던 것이 솔직한 심정이었습니다. 그래서 누군가 '그런 일을 구태여 할 필요가 뭐가 있나? 하지 말게!' 라고 충고해 주기를 기대하면서 말하곤 했습니다. 사실은 그와 비슷한 말을 해 주신 분도 있었지만 그런 말을 듣고서도 마음이 편하지 않았습니다. 나의 마음에 와 닿는 말이 아니었습니다."

자신을 받아준다고 생각되면 교단이 다른 교회에도 나가 보았다. 그래도 납득이 안 될 때에는 선교사를 찾아갔다. 그래서 성경말씀을 듣고 하나님에 관한 지식이 조금씩 늘어갈수록 더욱 진실을 알고 싶은 마음이 더해 가기만 했다.

"한없이 방황하고 있던 때였습니다. 그럴 때마다 이것이야말로 정말 바보가 하는 짓이 아닌가 하는 생각이 들었습니다. 그래서 성경을 읽어도 믿을 수가 없었습니다. 어딘가 모자란 인간이 쓴 것처럼 느껴져서 이런 것을 신뢰해도 되는 것인지 의심이 생기곤 했습니다. 그럴 때마다 나를 붙들어 준 것은 역시 '사랑의 진실'이었습니다. 의심할 여지가 없는 진실한 사랑말입니다."

이렇게 방황하던 아키도시 앞에 어떤 의미로는 결정적 영향을 주었다고도 볼 수 있는 한 미국인 부부가 나타났다. 듀플랜이란 사람이었다. 그 사람은 미국에서 장의사를 비롯해서 여러 가지 사업을 경영하는 사업가였다. 그리고 참으로 훌륭한 크리스천이었다. 1953년 일본에서 국제 그리스도교 회의가 개최되었을 때, 듀플랜 씨 부부는 처음으로 일본에 왔다. 그들은 아키도시가 처음부터 교제했던 선교사와 친분이 있었으므로 가끔씩 하치오지에 다녀가곤 했다. 그 뒤로부터 이들 부부와 아키도시와의 사이는 점점 가까워져 갔다. 아키도시는 그때까지 선교사에게서 얻을 수 없었던 "진실"을 접하게 되었다고 한다.

"내가 고민하는 문제들에 대해 이론적으로 대답해 주었다고는 할 수 없지만 나의 마음이 흡족하도록 여러 가지 말을 해 주었고 틀린 것은 틀렸다고 솔직하게 말씀해 주시곤 했습니다. 그분의 말을 듣다 보면 '이 사람은 정말 진실을 말해 주고 있구나!' 하는 기분이 들었고, 자신의 이익이나 사람을 이용하기 위해 말하는 경우는 전혀 없었습니다. '순수하게 하나님만을 믿고 따르는 것은 그들에게 그렇게 섬기게 하는 하나님이 정말로 계시는 것이기 때문이 아닌가? 그렇다면 나도 믿어 보자!' 라고 생각하게 되었습니다."

그래서 아키도시는 듀플랜 씨 부부에게 자신의 모든 것을 털어놓고 의논하기도 했다.

"당시 평소 가깝게 지내던 선교사 두 가족이 그곳에 있어 항상 드나들곤 하였습니다. 어느 날 저녁에 결판을 내야겠다고 단단히 결심하고 찾아갔는데 양쪽 집에 손님이 와 있어서 즐거운 웃음소리가 대문 밖으로 들려왔습니다. 나는 심각한 이야기를 할 수 있는 분위기가 아닌 것 같다는 생각을 하는 순간, 외로움이 엄습해 옴을 느꼈습니다. 생각해 보면 저들이 나쁘다고 할 수 없는 일인데 나 혼자만이 그 즐거움 속에서 추방당한 기분이 들었습니다. 처절할 만큼 덮쳐오는 외로움을 억제할 수 없었던 나는 울적한 기분으로 근처의 산으로 올라갔습니다. 산 아래로 시내 야경이 펼쳐져 있었습니다. 그때 갑자기 마음속에 어떤 소리가 들려오는 것 같았습니다. '저 야경 속에 있는 많은 사람들 가운데 정말 하나님이나 예수 그리스도를 아는 사람이 몇 명이나 될까? 아니, 알고 있다고 해도 실제로 하나님의 메시지나 구원에 관한 체험을 가진 사람이 몇 명이나 될까? 선교사는 미국 사람이니까 하는 생각에서 오해를 하거나 오해를 받는 일이 많다. 민족이 다르다는 이유만으로 선교가 어렵다면, 일본인인 내가 이 일에 헌신을 해야 한다. 그러기 위해서는 스스로의 몸을 하나님께 드려야 하지 않을까?' 그것은 직접 하나님의 음성을 들은 것 같은 시원한 경험이었고 최후의 결심이 섰습니다. '다시는 방황하지 말자!' 나는 신학교에 가기로 결심했습니다."

아키도시는 1954년 여름에 야간 고등학교를 졸업하였다. 아버지는 아들이 날마다 선교사와 접촉하고 있다는 사실을 알고 있었으므로 아키도시가 신학교에 입학하겠다고 말했을 때, 구태여 말리지 않았다. 아버지도 젊었을 때에는 YMCA 활동을 했던 적이 있었고, 아키도시가 자전거 대리점의 일에 불만을 품고 있다는 것도 대충은 알고 있었기 때문이기도 했을 것이다.

"네가 스스로 결정한 것이면 그것도 좋을 것이다. 그러나 경제적인 보조는 할 수 없을 것 같은데 그래도 좋으냐?" 이것이 아버지가 아키도시를 이해하는 한도였다. 그 대신 아키도시에게 어떠한 부담도 주지 않겠다고 말했다. 자전거 대리점 경영은 아키도시가 없으면 운영이 곤란했다. 그래서 점포를 그만두신 아버지는 땅값이 싼 지바 현의 교외로 이사를 하셨다. 그로부터 2년간 힘에 겨운 자취생활을 하면서 입학해야 할 신학교의 선택에 골몰했다. 하치오지의 병원에서 요네코가 "외국 종교의 끄나풀 같은 청년"이란 눈으로 그를 보고 있을 때가 바로 이 시기였다.

요네코의 아버지는 장애인이 되어버린 딸 때문에 아픈 마음을 달랠 길이 없는 중에도 딸의 장래를 위해 한 가지 설계를 계획하고 있었다. 그것은 요네코가 평생 동안 먹고 살아가는데 필요한 만큼의 재산을 남겨주고 주위의 모든 일들을 보살펴 줄 사람을 두어서 안락하게 살게 하는 일이었다. 이 일을 위해서 요네코의 오빠들과 언니도 협력하기로 마음을 먹었다. 이런 집안사람들의 눈에 주일마다 병원에 찾아와서 장애인 수첩 교부를 수속해 주거나 의족을 만들도록 하는 등 일방적으로 친절하게 대하는 아키도시 같은 크리스천의 존재가 귀찮게만 여겨졌다.

특히 '애처로운 딸의 모습을 구경거리로 만들 수 없다.'고 생각한 아버지는 크리스천들의 호의를 모르는 것은 아니지만 "의족 같은 그런 아픈 것을 끼고 어떻게 걸어 다닐 수 있나?" 하면서 매우 부정적으로 보고 있었다. '더 이상 딸에게 접근시키고 싶지 않다.'는 것이 아버지의 솔직한 심정이었다. 그것은 세상을 떠난 아내가 신흥 종교단체에서 여러 가지 괴로움을 당했던 기억이 생생했기 때문이었다.

그러나 아버지가 우려했던 것처럼 요네코와 크리스천 청년의 교제는 깊어만 갔다. 그것도 아버지가 보지 않는 곳에서 아키도시로부터 청혼을 받은 것이다. 퇴원한 요네코는 가족들에게는 말하지 않고 홀로 "새로운 피조물"이 된 크리스천의 길을 걷기 시작했다. 열심히 교회에 다니는 요네코의 오가는 길을 도와주는 사람은 그에게 청혼한 아키도시였다. 이 시간은 그들이 즐겁게 데이트 하는 시간이었다. 그 시절을 요네코는 다음과 같이 회상하고 있다.

"나는 잘 걸을 수 없기 때문에 아키도시의 자전거 짐받이에 타고 다녔습니다. 그것이 유일한 데이트였습니다. 그리고 선교사의 집과 우리 집 사이에는 공원이 있어서 그곳을 통과하는 것이 우리의 데이트 코스였습니다. 그러나 자전거를 타고 가면 금방 집에 도착했기 때문에 좀 더 시간을 갖기 위해서 짐받이에 나를 태운 아키도시 씨는 자전거를 끌고 천천히 아주 천천히 걸어 다녔습니다. 때로는 자전거를 세워 놓고 밤하늘을 쳐다보면서 '오늘 밤엔 별이 유난히 아름답다요. 달이 참 밝지요?' 하는 말을 하기도 했습니다. 이런 평범한 데이트였지만 늘 기다려지는 소중한 즐거움이었습니다."

이러한 요네코와 아키도시의 교제가 거듭됨에 따라 아버지에게도 아키도시의 사람됨이 서서히 보여 지게 되었다. 그러나 오빠 중에 한 사람은 요네코에게 이런 말까지 하며 그들의 관계를 극구 반대했다.

"저런 남자와 붙어 다니다가는 언젠가 너만 울게 돼. 그 자는 선교사의 끄나풀로 너를 이용하려는 것뿐이야. 지금은 친절한 것 같지만 저들 눈에 네가 신기하게 비쳐지지 않게 되면 찾아오지도 않을 것이 분명해. 너를 진정으로 보호할 수 있는 것은 가족밖에 없어. 저런 사람의 사탕발림을 믿고 따라 다니다간 나중에 너만 비참해지고 손해를 보는 거야!"

요네코를 위해 산림과 땅의 명의를 요네코 앞으로 이전하여 혼자 살아갈지라도 평생을 편안히 먹고 살 수 있도록 해야겠다는 아버지의 뜻을 집안사람들은 다 알고 있었다. 그래서 요네코가 누군가에게 이용당하지 않을까 하는 염려를 하고 있었다. 마침내 요네코를 감금하는 소동까지 벌어졌다. "내가 죽은 뒤에 오빠나 언니의 보살핌을 받을 것인지 아니면 재산을 몽땅 버리고 저 사람들과 네 맘대로 할 것인지 결정해라!" 아버지로서는 장애를 가진 딸에 대한 절실한 애정 표현의 수단이었지만 요네코의 대답은 확실하고도 분명했다. "재산을 포기합니다. 그리고 저는 하나님을 따라 가겠습니다!" 남에게 지기 싫어하고 적극적인 성격의 소유자다운 결정이라고 할 수 있다.

그때부터 요네코의 신앙생활은 집안에서 완전히 공인되었다. 그리고 얼마간의 시일이 지난 뒤에 아키도시는 요네코의 아버지가 근무하는 하치오지 시청으로 찾아가 요네코를 아내로 허락해 줄 것을 정중하고 간곡히 부탁했다. 평상시 말수가 적은 아버지가 의외로 허락하셨다. "잘 부탁하네!" 더 이상의 말을 못하고 아버지의 두 볼에는 뜨거운 눈물이 쉴 새 없이 흘러내리고 있었다. 그날 밤에 아버지는 사랑하는 막내딸 요네코에게 "잘됐다. 너를 돌봐줄 사람이 생겨서…" 하고 말씀하시면서 또 한번 눈물을 흘리셨다.

아키도시가 신설된 일본 기독교대학(현재 동경기독교신학교)에 입학한 것은 1956년 4월이었다. 이 학교는 아키도시를 처음으로 예수 그리스도 앞에 인도한 선교사 폭스 씨의 스승인 미국인 포크 씨에 의해 설립된 학교이다. 이 학교는 "한 교단에 속하지 않는 초교파적인 학교"라는 참신한 이미지를 심어주었던 "일본동맹그리스도교단"의 전도자 양성 기관이기도 했다. 요네코도 그 다음 해인 1957년 같은 학교에 입학했다.

기숙사 생활을 시작한 아키도시는 매주 토요일과 주일에 하치오지의 교회에서 봉사 활동을 계속했다. 물론 요네코와의 데이트도 빠지지 않고 계속하였다. 바로 그 무렵 미국인 사업가 듀플랜 씨 부부가 다시 일본에 오게 되었다. 특히 듀플랜 씨는 톱을 가지고 연주하는 특기를 가지고 있었고, 듀플랜 씨의 아내는 하프 연주자로 알려져 있었다. 이들이 다시 일본에 온 것은 그들의 연주 여행과 전도를 위한 것이었다. 처음 일본에 왔을 때부터 아키도시와 듀플랜 씨 부부 사이에는 정신적으로나 물질적으로 깊은 관계를 맺고 있었다.

하치오지 교회에서 선교사를 도와 전도에 힘쓰고 있을 때에 아키도시는 작은 방 하나를 얻어 자취생활을 했다. 수입이 없었던 아키도시는 경제적인 어려움을 당하고 있었지만 "금전적인 도움을 줄 수 없다."는 아버지의 선언을 들은 상태에서 아버지에게 도움을 청할 수도 없었다. 결국 아키도시는 미국에 있는 듀플랜 씨에게 자신의 상황을 호소하는 편지를 썼다.

"지금 생각하면 얼마나 부끄러운 일인지 모르겠습니다. 처음 일본에 와서 서로 알게 되었을 때부터 깊이 신뢰하고, 방황할 때에나 고민이 있을 때엔 서신을 통해 바르게 가르쳐주시고 격려해주셨던 분에게 생활이 곤란하여 도움을 부탁한다고 하자 즉시 25달러를 보내주셨습니다. 당시는 1달러의 환율이 360엔이었으므로 일본 돈으로 9천 엔을 보내주신 것입니다. 그때만 해도 그 정도면 어떻게 하든지 꾸려나갈 수가 있었습니다. 그것은 한 번으로 끝나는 것이 아니었습니다. '당신을 위해서 보냅니다. 아무런 부담 갖지 말고 열심히 전도하세요. 우리는 당신이 하고 있는 일을 할 수 없습니다. 우리 대신 일을 해 주세요!' 매달 이런 사연을 보내오기도 했습니다. 그래서 배가 고파 얻어먹는다는 기분은 사라지고 정말 깨끗한 마음으로, 기쁜 마음으로 받게 되었고, 그것은 내가 신학교에 다니는 동안 큰 도움이 되었습니다."

그러나 1년 뒤에 아키도시는 이 후원을 정중히 사양했다. 자신이 너무나 부끄러웠기 때문이다.

"듀플랜 씨에게 '당신에게 비록 편지로 썼지만 눈물로 어려움을 호소했던 일들을 너무나 부끄럽게 생각합니다. 저도 여러 가지 체험을 통해서 이제 겨우 하나님께서 영혼뿐만 아니라 물질적인 것이나 육체적인 일까지도 알고 계셔서 해결해 주신다는 사실을 조금은 믿을 수 있게 되었습니다. 하나님은 반드시 우리의 필요한 것을 아시고 구체적으로 적절히 채워 주시고 응답해 주실 것을 믿고 있기에 당신이 보내 주시던 돈은 이제 보내지 않아도 됩니다. 그동안 정말 고마웠습니다.'라는 편지를 보냈더니 '당신의 편지를 눈물을 흘리면서 몇 번이고 몇 번이고 읽었습니다. 그러나 우리가 돈을 보내는 것은 당신에게 부탁을 받아서가 아닙니다. 하나님께서 우리에게 명령하셨기 때문입니다. 그렇기 때문에 하나님께서 그만하라고 하실 때까지 저는 끊을 수가 없습니다. 우리는 하나님을 위하여 이 일을 기쁨으로 하고 있습니다.' 라는 답장이 왔고, 우리가 결혼한 뒤로는 그 액수가 50달러로 증액되었습니다. 그리고 듀플랜 씨가 1980년에 세상을 떠났지만 우리에 대한 후원은 유언으로 남겨져 그분의 미망인을 통해 지금까지도 계속되고 있습니다."

요네코가 듀플랜 씨 부부와 처음 만나게 된 것은 1957년 8월 아키도시가 다니는 일본 기독교대학에 입학하고 1학기가 끝난 어느 날이었다. 듀플랜 씨는 아키도시를 통해서 요네코의 일을 알게 되었고 두 사람이 결혼한다는 소식도 들었다. 그리고 듀플랜 씨도 척추 손상으로 외과 수술을 받고 척추에 플라스틱을 끼고 다니기 때문에 일본에서 만들어진 요네코의 의족이 불완전하다는 것을 알았던 것 같다. 의족을 만드는 기술은 미국이 한 걸음 앞서 있었기 때문이기도 했다. 그래서 듀플랜 씨는 여비는 물론 모든 비용을 자신이 부담하겠다며 요네코를 미국에 데리고 가자는 제의를 해왔다.

그 제의는 요네코와 아키도시를 놀라게 했다. 더구나 요네코의 가족들에게는 도저히 믿어지지 않는 사실이었다. 만약 미국에 가게 된다면 그것은 요네코가 세상에 태어나서 처음으로 해외에 나가는 일이 되는 것이다. 아버지는 물론 가족의 입장에서 이런 제안을 받아들여도 되는 것인지 망설이지 않을 수 없었다.

그 외국 사람을 믿어도 되는 것일까? 그가 왜 요네코에게 호의를 베풀려는 것일까? 크리스천이 아닌 아버지는 저 외국인이 얼마나 부자이기에 잘 알지도 못하는 타국인에게 그런 호의를 베푸는 것인지 듀플랜 씨의 진의를 가늠할 수가 없었다. 아키도시는 자신의 체험을 들려주면서 이런 의문을 품고 있는 요네코의 아버지를 설득했다. 요네코도 불안하기는 아버지와 마찬 가지였다. 영어를 전혀 할 줄 몰랐기 때문에 아무래도 자신이 없었던 것이다.

"망설이는 나에게 듀플랜 씨가 말했습니다. '지금 이대로 있으면 당신은 평생 병원에서 떠날 수 없습니다. 결혼해서 일을 하고 싶어도 할 수 없을 것입니다. 그러나 미국에는 다리가 없어도 걸어 다니는 사람이 많이 있으니 당신도 틀림없이 걸을 수 있게 될 것입니다.' 라며 간곡히 말하는 것을 아키도시가 통역해 주었습니다. 아키도시도 듀플랜 씨 부부를 부모처럼 생각하고 따라가면 틀림없이 잘 될 것이라고 말해 주었습니다. 이런 저런 고민 끝에 결국 그분들의 의사에 따르기로 결심하게 되었습니다."

듀플랜 씨는 요네코와 요네코의 가족들이 결정을 내리는 동안 미국 수속을 진행해 나갔다. 그리고 요네코가 듀플랜 씨가 실제 거주하는 캐나다 밴쿠버에서 머물 수 있도록 갖가지 어려운 절차를 미국으로 출발하기 일주일 전까지 끝내 놓았다. 일본인의

해외여행이 자유롭지 못했던 시기였기에 어려운 일들이 많았다. 이렇게까지 열의를 보여주는 것을 본 아버지도 감동이 되어 요네코를 듀플랜 씨에게 맡기기로 했다. 국제 여객선으로 보름 동안 걸리는 여행은 쾌적하기만 했다.

"어쨌든 마음껏 먹을 수 있었고 선실은 너무나 훌륭했습니다. 이런 호화스러운 여행은 난생 처음이어서 너무나 좋아 어쩔 줄 몰랐습니다."

지금까지도 그때의 일을 그리워할 정도로 훌륭한 대우를 받았다. 그런데 여행 중에 음식을 먹을 수 없을 만큼 헛구역질이 많이 나와 처음에는 뱃멀미겠지 하고 생각했는데 밴쿠버에 도착해도 그 증세는 변함이 없었다. 걱정이 된 듀플랜 씨는 바로 병원에 입원을 시켰다. 요네코는 병원에 와서야 이상한 생각이 들어 깜짝 놀랐다고 한다. '임신이구나!'

"그것은 전혀 상상도 못했던 일이었습니다. 음식이 받지도 않고 토하기만 해서 막연히 무슨 나쁜 병이 걸렸나 하고 염려했습니다. 의사가 생리에 대해 묻는 것 같았는데 말이 통하지 않아 알아들을 수가 없었습니다. 가만히 생각해보니 이미 3개월 정도가 된 것 같았습니다. 그 일을 듀플랜 씨 부인에게 알리려고 해도 말이 통하지 않았기 때문에 할 수 없이 일본에 있는 아키도시에게 편지를 띄웠습니다. 아키도시가 듀플랜 씨 부인에게 알려 주길 바라면서…"

그러나 요네코가 처음부터 임신을 알리는 편지를 쓴 것은 아니었다. 그저 몸이 이상하다는 말만 알려주면 아키도시도 알아차리려니 하고 똑같은 편지를 몇 통 썼다. 이만하면 아키도시도 알아 차렸을 것이라고 생각할 즈음에는 의족도 완성되어 보행 훈련을 받던 중이었다. 그래서 그 기쁨을 알리는 동시에 자신의 고민도 함께 털어 놓았다.

10월 4일

오늘도 주님의 이름을 진심으로 찬미하면서 사랑의 편지를 띄워 보냅니다.

당신에게 알려 드리고 싶은 굉장한 일들과 오랫동안 내 마음 속에 간직했던 일들이 있습니다. 먼저 굉장한 일이란 의족에 관한 것이고, 또 하나는 당신의 편지에도 있었던 그 일입니다. 오늘 오전 9시에 듀플랜 씨와 함께 의족을 받으러 포틀랜드로 갔습니다. 그런데 아침부터 비가 내려서 기분이 아주 좋았습니다. 많은 사람들이 코트를 입고 지나갔습니다. 하늘은 어둡고 우중충했지만 공기는 차가워서 아주 달콤했습니다. 포틀랜드 는 내가 있던 동네와는 달라서 맑은 날도 언제나 안개에 쌓인 것 같은 기분이 드는 동네입니다. 강이 많고 공장이 많아서 공장의 큰 굴뚝에는 항상 많은 연기를 뿜어내고 있기 때문입니다. 그 도시 중심에는 의족을 만드는 곳이 있습니다. 듀플랜 씨는 자신의 회사에 가야 했으므로 나의 점심과 그 외에 여러 가지 필요한 일들을 부탁해 주고는 자신의 사무실로 돌아갔습니다. 나는 2평 정도의 대기실에 앉아 책을 읽으면서 의족이 완성되는 것을 기다렸습니다. 여기는 일본에서처럼 "자! 다 되었습니다." 하고 금방 만들어주지 않습니다. 한 번 끼워보고 또다시 손질해서 완벽하게 만들려고 합니다.

집에 돌아와 보니 오후 4시 30분이었습니다. 듀플랜 씨 부인이 고맙게도 3시경에 마중을 나왔습니다. 그러니까 7시간 정도나 의족을 끼웠다 뺏다 하면서 시간을 보낸 것입니다. 그 의족은 지금 내 방에 있습니다. 다음 주까지 끼워 보고 결과를 본다고 합니다.

지금은 11시경인데 나는 의족을 벗고(오른쪽 다리가 아팠거든요) 편지를 쓰고 있습니다. 이 의족은 플라스틱이 아니라 나무입니다. 꽤 굵은 나무를 깎고 뚫어서 만든 것인데 두께가 1cm에서 5cm정도이고 살색입니다. 끼워봐서 아프면 또 고쳐 끼고를 반복해서 이제는 아주 편합니다. 신발도 보통 사람의 신발보다는 약간 가늘긴 해도 걷기에 편합니다. 열심히 연습만하면 잘 걸을 수 있을 것입니다. 당신에게 빨리 보여 주고 싶습니다. 하루 빨리 만나 볼 수 있도록 하나님께 기도하고 있습니다.

사랑하는 당신에게
요네코가

8일, 아침 10시

하늘이 어둡고 흐려서 스웨터를 입어도 추운 것 같습니다. 아침에 먹은 그릇들을 설거지하고 방으로 들어오자마자 이 편지를 쓰고 있습니다. 일본으로 돌아가는 일로 어제도 듀플랜 씨와 이야기를 나누었는데 "요네코는 몸이 약하기 때문에 파도가 잔잔한 3월이 좋겠다."고 말씀해 주셨지만 그러나 어떻게 해야 할지 모르겠습니다.

이 편지를 쓸 때까지 고민을 많이 했습니다. 당신에게 그 이유를 설명 했을 때 만약 당신이 고통스러워하거나 슬퍼하게 되지 않을까 두려워서 몇 날 며칠을 기도하고 또 기도했습니다. 그러는 동안 하나님께서 나에게 분명하게 알려 주셨습니다.

"너는 죄를 지었다!"

참으로 무서운 하루였습니다. 주님 앞에 산다는 것이 부끄러웠고, 내 자신이 더러워지는 것을 느꼈습니다. 그래서 주님께 빌었습니다. "주여, 용서하여 주소서. 저는 어리석은 자입니다. 저의 몸에 어떤 어려운 일이 일어난다고 하여도 저는 주님을 믿습니다." 지금에 와서는 나에게 이루어지는 일들이 어떤 것이든지 간에 주님은 최선의 것으로 주실 것을 믿고 감사하고 있습니다. 당신도 꼭 그렇게 하실 것이라고 믿습니다.

내가 임신했다는 증상은 아직 뚜렷이 나타나지 않고 있습니다. 아이를 가져서는 안 된다는 생각이 지배적이었지만, 세상에는 아이를 가지고 싶어도 가질 수 없는 사람이 많다는 것을 생각할 때에 내가 얼마나 어리석은지 부끄러운 마음뿐입니다.

지금 아이를 갖는다고 해도 우리는 아이를 키울 수 있는 능력이 없다는 것을 압니다. 이대로 시간이 더 지나면 낙태 시킬 수도 없다는 것도 압니다. 듀플랜 씨는 크리스마스 때까지 머물면 좋겠다고 합니다. 그때까지 있게 되면 이곳에서 머문 지 5개월이 되는데 몸도 눈에 띄게 달라질 것입니다.

용서해 주시기 바랍니다. 결혼을 빨리 하고 싶은 마음은 저도 당신과 똑같습니다. 그러나 가정이나 아이에 대한 아무런 지식도 없는 상태에서 결혼하고 싶지는 않습니다. 우리의 가정을 갖기 전에 먼저 당신의 마음을 알고 싶습니다. 멀리서 이런 말을 한다는 것이 매우 불안하지만, 이제는 아무런 염려를 하지 않습니다. 주님의 은혜로 건강하게 잘 지내며 당신을 위해서도 하나님께 기도하고 있습니다. 절대로 낙심하지 마시기 바랍니다. 당신도 이미 결심하고 있으리라 생각합니다.

요네코는 당신을 사랑합니다. 세상 사람 모두가 우리를 비웃는다고 해도 나는 개의치 않을 것입니다. 다만 주님께 간절한 마음으로 용서를 빕니다. 지금 요네코는 당신이 그리워서 미칠 지경입니다. 이제 우리는 정말 한 몸이 되었습니다. 이곳에서는 너무나 많은 신세를 지고 있습니다. 하루 속히 일본으로 돌아가고 싶은 마음이지만 마음대로 할 수 없습니다. 나는 학교를 그만 두고 결혼을 해도 좋다고 생각하지만 우리에게는 학교도 필요하다고 생각합니다. 당신도 매일 바쁘신 줄 알지만 귀

국하는 문제를 당신이 이 두 분께 11월 중에 돌아 갈 수 있도록
부탁해 주시기 바랍니다. 공부 열심히 하시고 몸 건강하세요.
또 편지 하겠습니다.

사랑하는 당신에게

요네코가

아키도시의 회신

"이르기를 악한 병이 그에게 들었으니 이제 그가 눕고 다시 일어나
지 못하리라 하오며 내가 신뢰하여 내 떡을 나눠 먹던 나의 가까운
친구도 나를 대적하여 그의 발꿈치를 들었나이다 그러하오나
주 여호와여 내게 은혜를 베푸시고 나를 일으키사 내가 그들에게
보응하게 하소서 이로써 내 원수가 나를 이기지 못하오니
주께서 나를 기뻐하시는 줄을 내가 알았나이다 주께서 나를 온전한
중에 붙드시고 영원히 주 앞에 세우시나이다 이스라엘의 하나님
여호와를 영원부터 영원까지 송축할지로다 아멘 아멘"(시 41:8-13)

나의 요네코, 나 같은 사람을 목숨을 걸고 사랑해 주는 요네
코! 그리운 마음이 흘러넘치는 요네코의 편지 정말로 고맙소.
그 편지를 나는 기다리고 또 기다리고 있었소. 처음에는 '아,
역시나!' 하는 생각이 들어 실망했는데 생각을 돌이켜 하나님
께서 우리를 얼마나 강하게 돌보시고 사랑하시는가를 깨닫고

오히려 기쁜 마음이 넘쳤소. 나도 벌써부터 우리의 죄를 짐작하고 있었소. 최근 나에게도 고통스러운 일이 있어서 그때마다 주님께 부르짖었지만 응답을 주시지 않았소. 능력이 없는 나의 기도가 싫어지고 짜증이 났지만 곰곰이 생각하며 나에게 무슨 죄가 있을까? 그러나 언제나 똑같았소. 그러면서도 다음과 같은 생각들이 서로 다투기라도 하듯 계속 나를 괴롭게 하오.

'더 이상 묻지 않아도 네가 더 잘 알고 있지 않느냐? 네가 큰 죄를 짓지 않았더냐?' '그렇다. 나는 죄를 지었다. 그러나 지금 어떻게 해야 좋단 말인가?' '지체하지 말고 주님 앞에 고백하고 회개하는 길 밖에 없다.' '진심으로 회개하고 나면 결혼 할 때까지는 두 번 다시 요네코와 잠자리를 같이 할 수는 없겠지.' '당연한 일이지 않은가?' '그것은 싫다. 나에게는 유혹을 이길 만한 힘이 없다. 절대로 이길 수 없다. 차라리 회개하는 것보다 이대로 지내는 편이 훨씬 좋겠다.'

그렇지만 요네코의 말이 옳소. 주님의 이름을 더럽히는 죄를 우리는 지은 것이오. 그리고 이런 생각이 든 것도 숨길 수 없는 사실이오. '하나님은 지극히 사랑하는 자녀에게 죄를 이길 수 있는 힘을 주시는 분이 아닌가? 예수 그리스도의 부활의 힘은 다 헛것이란 말인가?'

아니오. 결코 그렇지 않소. 나는 진심으로 죄를 두려워하지도 않았고, 뉘우치지도 않았던 것이오. 죄를 미워하지 않는다는 것은 하나님을 대적하는 것과 같은 것이오. 하나님을 대적하는 자가 하나님께 간절히 기도한들 무엇이 이루어지겠소. 그것은 주님의 마음을 상하게 할뿐이오.

그러나 나는 '죄를 지었습니다. 두 번 다시 범죄하지 않도록 도와주십시오.' 라고 진심으로 기도할 수 없었소. 요네코, 내가 나빴소. 처음부터 내가 나빴던 것이오. 용서해 주시오. 그러나 요네코, 이제 나는 진심으로 하나님 앞에 사죄하고 '결혼할 때까지 서로 범죄 하지 않고 깨끗한 몸과 마음을 보존 할 수 있도록 힘을 주십시오.' 라고 기도할 수 있게 되었소. 육체의 즐거움도 중요한 사랑의 표현이긴 하지만 그것이 사랑을 표현하는 방법의 전부라고 생각한다면 나는 크게 잘못된 것이라고 생각하오. 지금부터라도 요네코가 다시 뜨거운 입맞춤과 따뜻한 포옹을 허락해 준다면 우리는 이제까지보다 더 깊은 사랑으로 결합될 것이라고 생각되오.

더 이상 걱정 하는 것은 요네코와 마찬가지로 고통스러운 일이오. 역시 마마(듀플랜 씨 부인)에게 사실대로 이야기하는 것이 좋을 것 같소. 이 편지와 함께 마마에게도 편지를 쓰겠소. 하루 속히 돌아오길 바라지만 역시 도움이 필요한 일이니 마마가 시키는 대로 했으면 하오. 그래야 나도 안심할 수 있지 않겠소. 11월이면 꼭 1년이 되지만 그보다 더 늦어져서 내년 봄에 귀국한다고 해도 나는 참고 기다리고 있겠소. 언제까지라도 기다리고 있을 테니 그곳에서 필요한 만큼 있도록 하오. 단 한시도 요네코를 잊어 본 적이 없소. 이렇게 꼭 참았다가 다시 만날 때에는 얼마나 기쁠까? 그런 생각뿐이오.

그럼, 잠시 펜을 놓겠소. 아무 걱정 말고 무엇이든지 주님께서 아시고 이루어 주실 것을 잊지 말고 인내와 순종하는 법을 배우도록 합시다. 사랑하오. 언제나 살아 계신 예수님을 바라보며 살아갑시다. 그리고 기도하겠소!

당신을 사랑하는

아키도시가

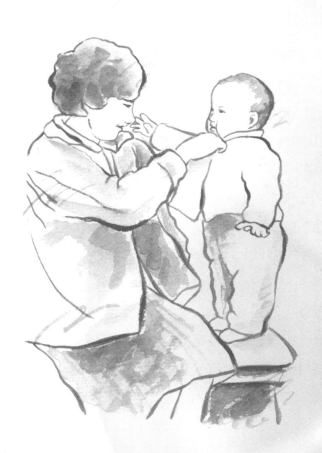

6

아이를
갖고
싶다

아이를 갖고 싶다

연인이 아내와 어머니로

아키도시의 답장을 보면 요네코로부터 편지를 받은 지 이틀 뒤인 10월 10일에 쓰기 시작해서 14일, 17일, 21일 이렇게 네 번에 걸쳐서 쓴 것임을 알 수 있다. 그 이유는 학교의 시험이 이때 겹쳐 있기도 하였지만 다른 고민이 아키도시의 마음을 짓누르고 있었던 까닭이다. 요네코가 임신한 사실을 알게 된 아키도시는 크리스천으로서 자신의 죄의식을 감당하기 어려웠던 것이다. 그때까지 아키도시는 나름대로 자신의 행위를 정당화할 이유를 찾고 있었다.

이것은 남녀가 진정으로 사랑을 하면 결혼식 같은 형식적인 것은 아무 의미가 없다는 생각이었다. 하나님은 우리의 모습 그대로 택하셨으므로 두 사람의 사랑은 결혼식을 함으로 시작되

는 것이 아니라 그 이전에 이미 결합되어져 있었으므로 육체적
인 사랑도 타당한 것이라고 생각했던 것이다.

현대사회에서는 혼전 임신을 반대하는 사람이 오히려 적을
정도이지만 요네코의 임신을 알게 된 아키도시는 기쁨을 느끼
면서도 자신의 입장을 돌이켜 생각할 때, 걷잡을 수 없는 심경이
었다고 한다.

"많은 사람을 가르치고 바르게 지도해야 할 입장에 있는 내가
사회적 규율이나 질서를 무시하고 말았다는 것이 얼마나 창피스
러운 일인지 알게 되었습니다. 나의 죄는 무엇으로도 정당화될
수 없다는 것도 알게 되었습니다.

그 무렵, 나는 실제로 교회에서 젊은이들의 리더로서 비중 있는
지위를 맡고 있었기 때문입니다. 그런데 그 젊은이들에게 요네코
의 임신을 어떻게 설명해야 할 것인가 하는 것은 큰 문제 거리였
습니다."

고민 끝에 아키도시는 먼저 학교에서 자신의 죄를 고백하기
로 결심했다. 그것은 전교생과 교수와 선교사들이 함께 모여 예
배를 드리는 시간에 이루어졌다.

"나는 크리스천으로서 계명을 어겼습니다. 지금 미국에 있는 나
의 약혼자 히시야마 요네코는 나의 아이를 가졌습니다."

아키도시는 퇴학을 각오하고 있었다. 하나님의 사역자가 되겠다는 자가 스스로 하나님의 뜻을 어긴 결과를 낳았기 때문이었다. 어쩌면 사회에서도 냉대를 받고 외면을 당할지도 모른다. 이러한 최악의 경우까지 생각한 뒤에 이루어진 고백이었다. 교수에게 보여 주었던 그 원고를 조용히 읽고 난 뒤에도 잠시 동안은 숨소리조차 안 들릴 정도의 고요한 시간이 흘렀다. 드디어 학장이 자리에서 일어나 전교생을 향해 말문을 열었다.

"다른 학생들도 하나님으로부터 책망 받을 죄가 있으면 숨기지 말고 고백하고 기도하세요!"

그랬더니 열 명 정도의 학생들이 시험 칠 때에 커닝한 것을 비롯해서 마음속에 숨겨온 죄들을 고백하였고, 결국은 학교 전체가 함께 기도하기로 결정했다. 한편, 사전에 고백할 내용을 대충 알고 있던 교수들은 아키도시의 처우를 어떻게 해야 할 것인가 고심하였지만 이렇다 할 결론을 내리지 못하고 있었다.

그것은 크리스천으로서 용서받을 수 있는 일이 아니었다. 성경의 가르침을 어긴 이상 그대로 묵과할 수는 없기 때문이다. 그러나 용기를 가지고 회개하며 자신의 죄를 고백한 아키도시를 퇴학을 시켜야 할 것인지에 대해 교수단의 의견들도 흔들리고 있었다. 아키도시는 학교에서도 장래를 촉망받는 학생이었다. 학교에서 해외 유학생으로 선발하여 파견할 예정이었고, 그 뒤에는 모교의 강단에 설 것이 약속되어 있는 우수한 청년이었다. 학교 당국으로선 이러한 희망을 단념할 수밖에 없었다. 여기까지의 의견은 일치를 보았지만 그 이상의 결론은 내리지 못했다.

"결국은 정학 처분을 받게 되었고, 다음 해 4월에 복학했습니다."

아키도시는 이 문제에 대해서 더 이상의 언급을 하지 않았지만 그것이 그에게 얼마나 고통스러운 일이었던가는 충분히 알 수 있을 것 같다. 여기서 다시 아키도시가 요네코에게 보낸 편지 일부를 소개한다.

우리가 이렇게 서로 사랑할 수 있는 것이 정말 황홀하다는 생각이 드오. 어떤 어려운 일에도 우리는 낙심하지 말고 사탄에게 넘어가지 않도록 하는 것이 중요하다고 생각하오. 믿음으로 주님을 의지하고 힘차게 삽시다. 절대로 낙심하지 맙시다. 나는 지금도 요네코가 있는 곳에 함께 있고, 내가 요네코의 마음 속 깊이 들어가 있다는 것을 잊지 말아요. 아무도 인정해 주지 않는다 해도 요네코는 나의 영원한 아내임에 틀림없소.

요네코, 나는 목숨을 걸고 당신을 사랑하고 있소. 예수님의 능력을 이번에는 꼭 경험할 수 있을 것이라고 생각하오. 나는 꼭 그렇게 믿고 있소. 요네코도 함께 기도해 주시오. 그리고 우리의 장래에 대한 어려움 같은 것은 생각하지 말고 주님의 영광과 하나님 나라만을 생각합시다. 우리는 하나님만을 위하여 우리에게 있는 모든 것을 바쳐서 일하도록 노력합시다. 그리고

모든 사람들이 다 함께 "예수 그리스도는 살아 계시다. 하나님
은 두려운 분이시다." 라고 말할 수 있을 때까지 복음을 위하여
목숨을 걸고 증거하는 사람이 됩시다.

　요네코가 언젠가 말한 것처럼 내가 말하고 있는 것들을 얼마
나 행동으로 나타내고 있는 것일까 하고 가끔 생각해 보오. 정
말 내가 복음 전파를 위하여 목숨을 걸고 있다고 자부해도 되
는 것인지, 우리 형제들이 피 흘리고 몸이 부서지는 핍박 속에
서도 기쁨으로 증거하며 지켜온 복음인 예수 그리스도의 부활
의 능력을 많은 사람들에게 나타내 보일 수가 있을 것인지 모
르겠소!

　10월 10일자로 되어 있는 이 편지는 아키도시가 학교에서 자
신의 죄를 고백한 직후에 쓴 것이다. 그 일이 있은 후에는 아주
가까운 친구들마저도 그를 냉정하게 대했다. 아키도시는 견딜
수 없는 고독감을 느꼈으나 그와 동시에 신앙의 열정은 더욱 불
타올랐다. 그는 고통에 아주 강한 사람이었다. 그러나 그런 것도
주위에서 따뜻한 마음으로 보살펴 주는 사람들이 있었기 때문
이라고 아키도시는 애써 강조한다.

　"죄를 고백한 사람들의 태도와 그들을 바라보는 눈은 이전과 확
실히 다르구나 하고 생각하는 사람이 많이 있었습니다. 그러나
한편으로는 나의 추측이긴 하지만 사람들이 나를 장애인과 결혼

까지 하겠다는 보통 사람과는 다른, 숭고한 인격의 소유자라고 생각하고 있었는데 역시 당신도 별 볼일 없는 평범한 사람이 아닌가 하는 실망을 표현했다고 하는 것입니다. 나의 고백으로 인해서 놀라움과 실망으로 충격을 받은 사람들이 사실 많았던 것 같습니다. 그러나 가까이에서 늘 함께 있던 신앙의 선배와 동료들은 그 일이 있은 지 얼마 뒤부터는 똑같이 상처받은 자라고 위로해 주고 따뜻이 품어 주었고 마음을 써 주었습니다. 특히 학생 부장인 노바타 신베 선생님은 나를 집에 초청하여 사실을 사실대로 직시하는 일이 필요하다고 말씀하셨습니다. 그리고 그 사실을 하나님 앞에 분명히 죄로 인정했다면 우리 속에 숨어있는 죄도 예수 그리스도께서 이미 우리를 대신해서 죽으심으로 용서함을 받은 것이기 때문에 무엇보다도 풍성한 은혜와 사랑으로 용서하시는 하나님이 용서해 주실 것이라고 시종 부드럽고 따뜻한 태도로 깨우쳐 주시듯 말씀해 주셨습니다. 그때의 일은 지금도 나의 마음속 깊이 새겨져 있습니다."

아키도시는 이런 상태에서 요네코의 귀국만을 기다렸고, 두 사람의 결혼과 그 후의 생활 문제 등에 관해서 골몰하고 있었다. 한편, 미국에서 아키도시의 편지만을 기다리던 요네코는 편지를 받아 보는 순간 봇물이 터지듯 글을 썼다. 이때의 요네코는 아직도 뱃속의 아기 문제로 고민하고 있던 중이었다. 결혼은 아키도시가 학교를 졸업하고 2년 뒤에나 가능하다고 생각하고 있었기 때문이었다.

10월 26일

주님 안에 있어 요네코를 언제나 위로해 주시는 당신에게!
　편지 잘 받았습니다. 아! 정말 고마워요. 당신은 역시 요네코
가 믿고 있던 그대로의 당신이었어요. 이상한 말 같지만 설명
은 나중에 하기로 하고 다른 이야기를 쓰겠습니다.

> "너는 나를 밀쳐 넘어뜨리려 하였으나 여호와께서는
> 나를 도우셨도다 여호와는 나의 능력과 찬송이시요
> 또 나의 구원이 되셨도다"(시 118:13-14)

　주님의 도우심으로 당신을 알게 하시고 당신과 한마음이 되게
하심을 감사하고 있습니다. 어제도, 오늘도 포틀랜드에 갔습니
다. 그 곳에는 큰 빌딩이 있습니다. 그 안에는 풀장, 오락실, 작
업장 등이 있는데 그곳에는 소아마비 장애인을 비롯해서 뇌일
혈이나 수족이 없는 사람들이 훈련을 받고 있습니다. 나는 매일
풀장에 갑니다. 수영을 하기 위해서가 아니라 신경을 부드럽게
하기 위해서 30분에서 1시간 정도 들어가 있기만 합니다.
　아직 이틀밖에 사용하지 않았지만 의수도 사용하기가 좋아졌
습니다. 다음 주 화요일에 또 가야합니다. 오늘 오후 4시 30분

경에 집으로 돌아와서 의족을 벗기 위해 2층에 있는 내 방으로 올라가 보니 당신으로부터 온 편지와 소포가 책상 위에 놓여 있었습니다. 빨리 편지를 뜯어 읽기 시작했습니다. 내가 편지를 다 읽을 무렵 마마가 방 안으로 들어와서 나를 꼭 안아주면서 "이제 다 괜찮을 거야!" 하고 나의 뺨에 입을 맞추어 주셨습니다. 그때 나의 얼굴은 온통 눈물로 뒤범벅이 되었습니다. 그리고 마마는 "이 일은 파파에게 말하지 않겠다. 너희는 곧 결혼할 거야!" 하고 말씀해 주셨습니다. 물론 제가 일본에 돌아간 뒤의 일이지만요. "그렇게 되면 우리 두 사람 모두 공부를 할 수 없게 됩니다." 하고 말했더니 마마는 깜짝 놀라면서 "그런 일은 있을 수 없어. 공부할 수 있어!" 하고 말씀하시면서 일본에 돌아가는 대로 즉시 결혼을 하라고 하셨습니다.

마마는 또 말하지 않고 혼자 고민했느냐고 하시면서 아무리 어려운 일이라도 이야기해 주면 도움이 되어 주겠노라고 나를 따뜻하게 위로해 주셨습니다. 말로 다 표현할 수 없는 이 사랑, 이 은혜는 영원히 잊을 수 없을 것입니다. 당신과 떨어져 있다는 것은 너무나 고통스럽고 외로운 일이지만 당신의 아이가 요네코의 몸속에 자라고 있다는 것을 생각하면 이젠 당신을 한시라도 잊고 생활할 수가 없습니다. 그리고 한없이 기쁩니다. 아무래도 귀국이 늦어질 것 같습니다. 내년이 될지도 모릅니다. 언젠가 당신이 말한 것처럼 나의 다리를 수술하기 위한 것이 아니고 마음의 훈련 때문이란 것을 잘 아실 것입니다.

때때로 학교의 친구로부터 편지를 받기 때문에 학교의 형편은 어느 정도 알고 있습니다. 지금 나는 얼마나 기쁜지 모릅니다. 그리고 십자가에서 돌아가신 주님을 위하여 전 생애를 바쳐서 영혼을 구원하는 일을 할 것입니다. 물론 당신과 함께입니다. 그리고 주님의 충성된 여종이 되고, 당신의 좋은 아내가 될 것을 소원하면서 항상 기도합니다. 나의 뜨거운 키스를 보냅니다. 평안히 쉬시길… 안녕히!

사랑하는 당신에게

요네코로부터

셋이서 살고 싶어요

요네코는 그 뒤에도 귀국할 때까지 2개월 간 10통 가량의 항공우편을 아키도시에게 써 보냈다. 주로 듀플랜 가정의 근황이라든가 그 곳에 드나드는 젊은 신자들의 동향이었다. 그리고 아기가 태어난다는 기쁨을 서서히 실감하고 있다는 내용이었다. 문장 속에서 요네코의 가쁜 숨결이 들리는 것 같았다.

특히 편지의 끝 부분에 아키도시에 대한 호칭이 "나의 당신에게" "나의 남편에게" "나의 주인에게"로 변화해 가고 있었다. 이것으로 그녀의 마음을 여실히 증명해 주는 것 같았다. 요네코는 이때부터 확실히 아내에서 어머니로 비약적인 성장을 하고 있었다고 하겠다. 여기서 새로운 인생을 기다리면서 가슴 조이며 귀국하는 날을 손꼽아 기다리는 요네코의 심정을 더듬는 몇 통의 편지를 더 기록해 보기로 한다.

11월 5일

오늘도 포틀랜드에 가서 계단을 오르내리는 연습도 하고, 어려운 바느질을 하는 훈련도 하였습니다. 그리고 다림질을 할 수 있는지, 몸을 씻을 수 있는지, 손톱을 깎을 수 있는지, 청소를 할 수 있는지를 종이에 인쇄해 놓은 100여 가지 이상이나 되는 일상생활에서 필요한 일에 관한 훈련을 받았습니다. 다섯 가지 정도만 제하고는 지금까지 내가 하고 있던 일이므로 대부분 감당할 수가 있었습니다. 커다란 상자를 포장하는 일은 해보지 않았기 때문에 어렵게 그 일을 해냈더니 기뻐서 견딜 수가 없습니다.

새로운 의수는 큰 도움이 됩니다. 지금은 이 의수가 훨씬 사용하기에 편리해졌습니다. 또 오늘은 새로운 친구도 생겼습니다. 그분은 양 손 모두 의수를 했음에도 무엇이든지 못하는 일이 없습니다. 나는 나의 세 개의 손가락을 바라보며 이것이 있었기 때문에 신체적으로 도움이 되고 있구나 하고 주님께 진심으로 감사를 드렸습니다. 여보, 굉장히 멋있고 기쁜 일이 있습니다. 이 달 중으로 돌아갈 수 있게 되었습니다. 의족도 이제는 완성이 되었고, 의수는 앞으로 며칠만 연습하면 훈련이 끝납니다. 이 달 내로 당신을 만날 수 있습니다.

틀림없이 모든 일이 생각했던 것보다 잘 진행된 것 같습니다. 그리고 마마는 나의 일을 파파에게 말씀하신 것 같습니다. 오늘 파파는 내게 "언제 결혼 할 거냐?" "아기는 아무래도 4월 달에 태어나겠지?" 하고 말씀했습니다. 파파는 일본에 돌아가면 결혼해서 아기를 낳을 것으로 생각하고 애당초 수술한다는 생각은 하지 않은 것 같습니다.

이제는 당신이 계신 곳으로 빨리 돌아가고 싶습니다. 고국으로 돌아간다는 것보다 당신이 계신 곳으로 가고 싶습니다. 그리고 다시 학교에 다닐 수 있었으면 좋겠습니다. 교회 봉사는 심부름 정도만 하고 공부하는 데 전력을 기울이고 싶습니다. 그렇지만 당신과 의논해서 할 것입니다. 요네코는 무슨 일이든지 당신에게 꼭 물어보고 할 것입니다. 다시는 당신을 괴롭게 하는 일은 안 할 것입니다. 어려서부터 성품이 거칠어서 남을 슬프게 하는가 하면 자신의 고독을 즐겼지만 지금의 요네코는 이전보다 훨씬 더 당신을 의지 하고 있습니다.

당신은 요네코의 전부라고 생각합니다. 요네코가 평생 주님께 순종하는 것같이 당신에게 순종할 것입니다. 그리고 사랑할 것입니다. 당신이 아무리 미개한 나라에 갈지라도 함께 갈 것입니다. 이렇게 떨어져 있으면 있을수록 보고 싶은 마음, 그리운 마음에 가슴이 찢어질 것만 같습니다. 함께 할 수 없다고 할지라도 그저 당신의 주변에만 있고 싶습니다. 손이 닿을 수 있는 가까운 곳에 있고 싶습니다. 사실은 헤어질 때만 해도 몰랐습니다. 이제 만날 날이 얼마 남지 않았다고 생각하니 뭐라고 형용할 수 없을 정도로 기쁩니다. 다시 만날 날을 기약하면서 이만 줄입니다. 부디 건강하세요!

사랑하는 당신의 요네코로부터

11월 17일

편지 고마웠습니다. 나의 편지도 오늘쯤에는 당신에게 전달되지 않았을까 생각하면서 만날 수 없는 것은 쓸쓸하지만 이렇게라도 당신을 그리면서 편지를 쓸 수 있을 때나, 당신이 보내온 편지를 읽을 때는 이것저것 다 잊어버리고 맙니다. 오늘은 에스겔서를 읽으면서 회개하지 않은 백성들에 대한 하나님의 진노와 에스겔의 슬픔 등 여러 가지를 배우게 되었습니다. 이미 하나님으로부터 죄사함을 받고, 주님의 사랑을 통해 우리가 풍요로워지고 축복을 받고 있다는 사실을 알고 다시금 하나님께 감사와 찬양을 돌리고 있습니다.

오후 5시쯤 된 것 같은데 벌써 밖은 캄캄합니다. 이 집은 높은 곳에 위치해 있어서 창문을 통하여 집집에서 흘러나오는 밝은 불빛과, 먼 곳에서 반짝이는 네온사인 위를 때때로 비행기가 빨

간색, 파란색의 밝은 불빛을 드리우고 날아가는 것을 볼 수 있습니다. 어서 속히 요네코도 돌아가고 싶은 마음뿐입니다.

방금 파파가 공항에서 돌아오셨는데 내가 돌아갈 수 있는 시간을 알았습니다. 내주 금요일 비행기로 시애틀을 떠납니다. 비행기명은 DC-7C입니다. 금요일(29일)에 출발하지만 일본 시간으로 주일(12월 1일) 오후 2시에 돌아가게 되어서 교회의 여러분에게 괜찮을지 모르겠습니다. 당신만 나와 주시면 됩니다. 제일 먼저 당신을 만나고 싶습니다.

사랑하는 당신의 요네코로부터

그 후로 귀국 날짜가 변경되는 바람에 12월 4일에야 귀국한 요네코는 하치오지의 집에 머물기로 했다. 일본 기독교대학은 4월에 예정인 출산일을 생각하니 단념할 수밖에 없었다. 정학 처분을 받은 아키도시는 11월에 학교의 기숙사를 나와 하치오지에 있는 맥클로이 선교사의 집으로 이사를 했는데 이 선교사는 요네코가 병원에 입원해 있을 때에 아키도시와 함께 심방해 주었던 사람이다. 언제나 변함없는 태도로 두 사람을 극진히 보살펴 준 사람들 중의 한 사람이다. 요네코는 이 가난한 선교사 부부에 관해서 잊을 수 없는 기억이 있다.

"맥클로이 부인은 갈 때마다, '요네코 양, 오늘 우리 집에서 식사하고 가세요!' 이렇게 말하면서 나에게 음식을 만들어 주셨습니다. 그녀가 마련한 식탁은 늘 보잘 것 없었습니다. 언제나 정해 놓은 것처럼 볶음밥에다 빵 한 조각이 고작이었고 스프가 나올 땐 조금 여유가 있을 때의 일이었습니다. '오늘은 이것뿐이지만 먹고 가요.' 나는 집에 돌아가면 먹고 싶은 반찬이 있었지만 그분과 함께 있는 것이 그렇게 즐거울 수가 없었습니다. 그래서 '잘 먹었습니다!' 하고 대접을 받았습니다. 그분들의 생활을 보며 나도 가정을 갖게 되면 이분들처럼 비록 가난하지만 있는 것으로 손님 대접하기를 게을리 하지 말아야겠다고 다짐 하곤 했습니다.

그리고 이것은 내가 너무나 세상 물정을 모르는 것을 증명이라도 하는 것 같아 부끄럽습니다만, 맥클로이 선교사 가정에서는 매일 아침 유치원에 다니는 딸아이가 빵 한 개를 사러 가곤 했습니다. 그것을 보고 나는 빵을 한 개씩 사는 것이 잘 사는 것이라고 생각했습니다. 그런데 지금 와서 생각해 보니 너무 가난해서 그 것밖에 살 수가 없었다는 것을 알게 되었습니다. 그리고 일 때문에 필요해서 자가용을 사용했는데 휘발유는 언제나 한 되 아니면 두 되씩 사다놓곤 했습니다. 그렇지 않으면 '100엔어치만 주세요!' 하고 말할 때도 있었습니다. 그때도 나는 '휘발유란 기름은 그렇게 사야 하는 것인가 보다.' 라고 생각했습니다.

다른 선교사들도 알고 지냈는데 그분들은 좀 더 편안한 생활을 하고 있었습니다. 맥클로이 선교사 부부는 일본에 처음 왔는데 온 이유가 있겠지만 유독 가난했습니다. 비록 가난한 처지에 있으면서도 모든 사람들로부터 고립되고 따돌림을 받던 우리를 친

형제처럼 친절하게 대해 주신 사람들은 맥클로이 선교사 가족뿐
이었습니다. 돈 잘 쓰고 호화로운 생활을 하던 선교사들은 우리
같은 사람들은 쳐다보지도 않았습니다."

요네코와 아키도시의 결혼식은 이런 소수의 뜻있는 분들에
의해서 치러졌다고 해야 할 것이다. 주례를 서 주신 분은 끝까지
아키도시에게 용기를 잃지 않도록 격려해 주신 노바타 신베 학
생 부장이었다. 그리고 두 사람의 결혼이 여러 사람들로부터 축
복을 받을 수 없다는 사실과 교회를 빌려 결혼식을 올리는 일에
비판적인 사람도 있었기 때문에 결혼식장은 친절하게 대해 주
던 선교사의 집을 빌리기로 했다.

"정말 조촐한 결혼식이었습니다. 그래도 웨딩케이크까지 선교
사님이 손수 만들어 주셔서 마음이 뿌듯했습니다. 남 보기엔 너
무나 쓸쓸하게 보였을지 모르나 그런 것이 우리의 새 출발에는
오히려 잘 된 것이라고 생각합니다."

사람들로부터 소외당하고 업신여김을 당할 때의 아픔과 외로
움을 경험했기 때문에 비로소 따뜻한 마음씨를 가진 분들과 만
나게 되었고, 거기에 대한 기쁨과 감사를 알게 되었다는 것이다.
결혼식을 치르기 전에 임신하여 혼전 임신이란 이유로 주례를
약속했던 목사로부터 주례를 거절당하였을 뿐만 아니라 결혼식

장으로 예정 되었던 교회에서도 거절을 당했다. 이후 아키도시를 만나러 온 젊은 사람들이 많았는데 그 사람들에게 도움을 줄 수 있었던 것도 자신의 아팠던 경험이 있었기 때문이라고 한다. 그때의 경험이 없었던들 젊은이들을 이해하고 도와줄 수 없었을 것이다.

"우리도 다른 사람들처럼 그들을 향해서 너희들은 나쁜 사람들이라고 책망만 했을 것이 뻔합니다. 돌이켜 생각해 보면 축복을 받을 수 없는 그 외로움과 쓸쓸함이 내게 있었기에 남을 위로하고 기쁨을 줄 수 있었던 계기가 된 것이라고 할 수 있습니다. 나에게 그 당시의 어려움이 없었던들 지금의 요네코도 없었을 것이고 살아가는 방식도 바뀌었을 것이라고 생각합니다."

아키도시의 겸허한 반성이 그가 걸어온 행동의 원점이 된 것을 부인할 수 없다. 인간이 어떤 행동을 지속한다는 것은 어려운 일이다. 아키도시의 그 겸손한 자세는 오늘까지도 흐트러짐이 없기에 찬사를 보내지 않을 수 없다. 두 사람의 출발은 "가난"과 "젊음"의 동거생활이었다. 행복하기에는 너무나 준엄한 현실이 그들 앞에 가로놓여 있었다.

7
감자와의
싸움

감자와의 싸움

첫 아이를 낳다

아키도시와 요네코의 신혼 생활은 도쿄 도 히노에서 셋방살이로부터 시작되었다. 교회에서의 전도 활동은 무보수였기 때문에 수입은 미국에서 듀플랜 씨가 후원금으로 보내주는 50달러가 전부였다.

일본 화폐로 환산하면 1만 8천엔으로 당시 일본 주택단지의 집세가 월 5천 엔 정도인 것을 생각해 보면 두 사람의 생활비로선 너무나 부족했지만 알뜰하게 꾸려나갔다. 그런데 4월이 출산 예정일이었다. 아기를 낳게 되면 경제적인 어려움이 더욱 심해질 것이 뻔했지만 아키도시나 요네코는 그것이 자신들에게 주어진 생활로 받아들이고 있었다. 그때의 결심을 요네코는 다음과 같이 말했다.

"내가 저지른 사고로 아버지께서 너무 많은 돈을 쓰셨기 때문에 가족들에게 신세를 지는 것이 부담스러워서 결혼할 때 아무것도 필요 없다고 일체 사양했습니다. 어차피 가난한 생활을 할 바엔 아무것도 없는 상태에서 시작하자고 그이와 다짐을 했습니다."

어머니가 돌아가시고 난 뒤에 집안일을 도맡아 하던 언니 유리코에 의하면 어려운 살림이었지만 어머니는 푼푼이 저축을 했었는데 그 돈도 요네코의 병원비로 전부 써버렸다고 한다. 그러기에 요네코의 결심은 집안의 형편을 잘 알고 있었기 때문이라고 할 수 있을 것이다.

그러나 주위에 있는 몇몇 분들의 호의로 요네코의 신혼 생활은 그런대로 꾸려나갔다. 유리코는 어떤 선교사로부터 다하라 씨 부부에게 보낼 이불 한 벌을 만들어 달라고 부탁 받은 일이 있었던 것을 기억하고 있다. 아버지는 "아버지로서 뭔가 해 주고 싶다."고 하시면서 옷장을 사 보내고자 했는데 이때의 아키도시 대답이 합리적이면서도 재미있다. 아키도시는 고가구점을 찾아가서 옷장 하나를 골랐는데 다 낡은 옷장이었지만 몇 십 년이라도 더 쓸 수 있을 정도로 견고하게 만들어진 것이었다. 아버지가 "신혼 가정에 고물 가구라니? 아키도시는 별난 사람이구만!" 아버지는 약간 실망한 듯 했지만 굳이 반대는 하지 않았다. 요네코의 형제들도 장롱을 비롯한 여러 가지 일용품을 보내 주어서 나름대로의 생활을 시작하게 되었다. 이때에 또 한 사람에게 오래도록 마음 깊이 감사해야 할 일이 생겼다.

"맨타이라는 젊은 선교사 부부는 우리가 다른 선교사들로부터
냉대와 업신여김을 받고 있다는 사실을 알고 따뜻하게 대해 주셨
습니다. 그분들의 생활도 어려웠지만 '우리가 이 정도밖에 도와
드릴 수밖에 없어 유감이에요. 요네코 씨는 곧 아기를 출산할 테
니 우유를 마셔야 해요.' 하면서 우유 대리점에 미리 돈을 지불해
주고 매일 아침 우유를 5병씩이나 배달하도록 해 주셨습니다. 가
난한 중에서도 이처럼 사랑을 베풀어주신 선교사님의 은혜는 평
생 잊을 수 없을 것입니다."

평소에 너무 겸손한 탓인지 남의 눈에 잘 띄지 않던 분들의 호
의였기에 요네코에게는 더욱 사무치도록 기쁘고 고마웠다고 할
수 있다. 맨타이 선교사 부부도 선교사들 사이에선 고립된 존재
였던 것 같다. 아키도시는 당시의 일을 이렇게 회상하고 있다.

"틀에 박힌 사고방식이 얼마나 사람들에게 해를 주는 것인지 좋
은 예라고 생각합니다만, 맨타이 선교사에게는 엘리자베스라는
딸과 다윗이라는 아들이 있었는데 다윗의 무릎 관절에 이상이 있
었습니다. 그래서 다리의 교정을 위해 24시간 교정 신을 신고 있
어야 했습니다. 그런데 선교사 가운데에는 '일본식 주택 방에서
신발을 신고 있는 것은 무례한 짓이다. 당장 벗겨야 한다.' 고 하

면서 괴롭게 하는 이들이 있었습니다. 그런 일로 인해 맨타이 선교사 가족은 쓸쓸함과 외로움 그리고 선교사들의 그런 행위에 불만이랄까, 실망 같은 것을 느꼈을 것 같습니다. 그런 일을 보고 또 우리의 경험을 통해서 사람을 궁지에 몰아넣는 일을 해서는 결코 안 된다는 것을 배울 수가 있었습니다."

맨타이 선교사는 그 뒤에 미국에서 세상을 떠났지만 학교 교사를 하고 있는 미망인과는 아직도 깊은 교제가 계속되고 있다. 이런 일을 통해 사람의 만남과 헤어짐 그리고 신앙의 어려움을 절실히 느끼게 된다.

1958년 4월 25일 장녀 마리(眞理)가 태어났다. 아기의 이름은 요네코 부부가 가장 어려웠던 시기에 주어진 기쁨이요, 행복이었기에 그렇게 지어준 것이다. 요네코는 이렇게 말을 했다.

"하나님은 우리에게 귀중하고 황홀한 은혜를 주셨습니다. 하나님은 곧 진리이시다. 결코 부끄럽게 하시지 않는다라고 남편이 말하면서 이름을 지어 주었습니다."

이때의 일을 요네코는 육아 일기의 첫 장에 다음과 같이 썼다.

4월 25일

12시경부터 쉴 새 없이 통증이 시작되었다. 12시 44분에 무사히 여자아이를 출산했다. 태로부터 떨어지는 순간, 뭔가를 토해 냈다고 생각됐다. 아기는 "응아!" 하는 첫소리를 내뱉고 나의 배 위에 놓여졌다. 넬슨 선생이 "커다란 여자 아이예요!" 하고 말했을 때에 하나님께 대한 기쁨과 감사로 가슴이 메어져 왔다. 체중도 3kg이 넘었고 피부도 반들반들하였다. 아주 건강한 여자 아이였다. 남편과 꼭 닮은 얼굴 모습이라든가, 탐스러운 손과 발을 보았을 때 기쁨과 안도감으로 충만함을 느낌과 동시에 이 아이는 하나님의 딸이라는 생각에 무거운 책임감 같은 것을 느꼈다. 이제부터는 무엇이든지 다른 사람보다 배로 마음을 쓰지 않으면 안 될 것이다. 이 모든 일에 하나님의 크신 능력이 부족한 나를 인도해 주심을 믿고 감사드린다.

요네코가 마리를 출산한 곳은 도쿄의 위생병원이다. 이 병원은 미국인 선교사들이 이용하고 있던 관계로 요네코가 처음 의족을 만들 때에 입원했던 곳이기도 하다. 병원 원장인 넬슨 선생은 다하라 씨 부부와 전부터 잘 아는 사이였다. 무사히 출산은 했지만 요네코는 불안했다. 그것은 둘째 날부터 아이에게 젖을 먹여야 하는데 어떻게 해야 할지 걱정이 되었기 때문이었다. 그래서 평소에는 무거워 사용하지 않던 의수를 사용할 수밖에 없었다. 그러나 그런 걱정은 안 해도 되었다.

"그런 염려는 전혀 할 필요가 없었습니다. 처음에는 아이에게 젖을 물리려면 아이도 나도 땀투성이가 되었습니다. 그러나 두 번째부터는 침대에 뉘인 채로 젖을 먹일 수 있는 요령을 터득했습니다. 아이가 가끔 손을 움직여서 그 조그만 손으로 나의 젖을 만질 때에는 사랑스러워 견딜 수가 없었습니다."

"오히려 어린아이 쪽에서 엄마의 장애를 알아차린다."고 요네코는 이런 경험을 강연을 할 때마다 예화로 사용한다. 그 가운데 한 가지를 이야기하기로 한다.

마리의 기저귀를 갈아 채울 때의 일이다. 아기의 건강은 자랄수록 좋았다. 발육이 표준보다 좋았고, 4개월째는 6개월 반 정도 된 아기들과 같았다.

마리는 활발한 기질이 있는지 안아주면 발버둥을 치곤해서 요네코에게는 힘에 겨울 정도였다. 그런데 기저귀를 갈아 채우기 위해서 뉘어 놓기만 하면 이상할 만큼 조용해지고 움직이지 않았다.

"그때는 요즘 널리 보급되고 있는 매직테이프로 채우는 기저귀가 아니라 안전핀으로 채우던 때입니다. 그러니까 핀을 꽂을 때에 움직이면 핀에 몸을 다칠 염려가 있었습니다. 그런데 아기가 움직이다가도 핀을 꽂으려고만 하면 동작을 딱 멈추고 위험한 것을 알고나 있는 것처럼 핀을 다 꽂을 때까지 꼼짝도 하지 않다가 핀을 다 꽂고 나면 팔, 다리를 요란히 흔들어 대곤 했습니다. 정말 이상한 일이었습니다. 갓난아기지만 엄마의 사정을 너무나 잘 아는 것 같았습니다."

하이톤에 말미를 조금 튕기는 듯한 요네코의 독특한 말솜씨를 글로 옮기다 보니 뉘앙스가 제대로 전달되지 않지만, 말을 계속할수록 열기를 뿜어대는 말솜씨는 청중의 감동을 자아내기에 충분했다. 요네코의 강연을 듣기 위해 모여드는 사람들은 중증 장애를 입은 요네코라는 여자가 아내와 어머니로서 어떻게 장애를 극복하고 자녀를 양육하며, 또 가사를 꾸려나가면서 남편과의 원만한 결혼 생활을 영위해 나가고 있는가에 대해서 강한 관심을 갖는 것 같았다.

감자를 벗기다

요네코가 잘 인용하는 에피소드가 있는데 한 개의 감자 껍질을 벗길 때의 이야기다. 오른쪽 손가락 세 개로 둥글둥글한 감자를 깎는다는 것은 생각처럼 쉬운 일이 아니다. 요네코도 처음엔 울고만 싶었다. "무슨 일이든 생각하기 나름인 것 같습니다. 작은 아이디어로 간단히 해결할 수가 있습니다." 여기서 그 에피소드를 요네코의 수기에서 소개하고자 한다.

나에게 남겨진 오른손에 남은 세 개의 손가락으로 한 개의 감자 껍질을 벗기려고 했을 때의 일을 나는 지금도 잊을 수가 없다. 나의 기분을 조롱이라도 하듯이 도마 위에서 데구루루 굴러가는가 하면, 바닥에 떨어져서 제멋대로 굴러가는 감자를 그야말로 필사적으로 식칼을 들고 쫓아다니는 나의 마음은 말로 다 표현 할 수 없는 초조감과 무서운 힘으로 덮쳐오는 절망감이 있을 뿐이었다. 그런 일이 조금만 더 계속 되었더라면 손에 들고 있던 식칼로 무슨 일을 저지르고야 말았을 것이다.

그러나 그때 나는 처절한 목소리로 부르짖었다. 손가락 세 개로 식칼을 든 채, 눈물과 땀으로 범벅이 된 처량한 모습으로 하나님을 향하여 부르짖었다. "아버지여! 당신은 나 같은 인생도 당신의 자녀로 삼아주셨습니다. 그리고 당신은 나 같은 것을 결혼까지 할 수 있도록 도와주셨습니다. 나의 가정은 당신께서 선물로 주신 가정입니다. 이제 나의 남편은 얼마 있지 않아 돌아올 것입니다. 사랑하는 아이들도 허기가 져서 내가 만든 저녁을 먹기 위해 기다리고 있습니다. 그렇지만 나는 저녁 반찬으로 사용할 이 감자를 깎을 수가 없습니다. 당신은 나의 이 약함을, 이 처량한 상태를 무엇 하나 빼놓지 않고 다 아실 뿐만 아니라 오늘까지 나를 인도해 오시지 않으셨습니까? 아버지여, 어떻게든 할 수 있는 방법이 있을 줄 압니다. 당신의 방법을 나에게 가르쳐 주옵소서. 하나님, 나에게 힘을 주소서. 이 감자를 꼭 깎을 수 있도록 도와주소서!"

내가 정신없이 기도를 끝내고 났을 때, 마치 잔잔한 물가에 차츰 차츰 물이 차오르듯 형용할 수 없는 평안함이 나의 마음에 넘쳐났다. 그리고 다음 순간, 정말 희한한 아이디어가 떠올랐다. 나는 급히 다른 감자를 씻어서 도마 위에 올려놓았다. 그리고 먼저 그것을 반으로 쪼개 놓았고 이것으로 모든 문제가 해결되었다. 둘로 쪼개 놓은 감자의 반을 도마 위에 엎어 놓고 칼로 윗부분부터 껍질을 벗겨 나갔더니 마치 감자가 도마 위에 붙어버린 것처럼 움직이지 않았다. 이렇게 해서 얻어진 승리감에 나의 기쁨은 충만했고, 지혜를 주신 하나님께 진심으로 감사했다.

나는 그날 저녁식사를 즐거운 마음으로 열심히 만들었으나 몇 년 전만 해도 나의 인생에 이렇게도 깊은 만족감과 충실감을 맛볼 수 있을 것이라고는 상상조차 하지 못하고 살아왔다. 이러한 삶이 진정한 삶이 아닌가 하고 생각할 때에 감사와 희망의 눈물이 다시금 앞을 가려왔다.

남편은 내가 가사를 돌보기 쉽도록 여러 가지를 애써 주기는 했지만 실제로 가사는 나에게 전부 맡기고 일체 간섭하지 않았다. 내가 어느 날 감자와 격투 끝에 보기 좋게 그것을 정복했던 것도, 그 후의 생활에서도, 또 생활 생활마다 밀려오는 어려운 일들을 누구의 도움도 없이 성한 사람들과 똑같이 해낼 수 있었던 것도 기둥처럼 나를 받쳐주고 마음을 써 주는 남편의 극진한 사랑과 협력이 있었기 때문이라고 생각한다. 무슨 일에든지 곤란을 느낄 때마다 남에게 도움을 받는다면 그런 사람에겐 발전도, 성장도, 희망도 없을 것이다.

아키도시는 아내가 책임지고 처리해야 할 가사에는 일체 간섭하지 않았다. 그것은 요네코에게 그녀가 장애인이기 때문에 생기는 열등감을 갖지 않도록 배려한 것이다.

"10여 년 전에 나의 살아온 일들이 영화로 만들어지고부터는 점점 여러 지방의 강연회에 초청받는 일이 많아지기 시작하였고, 새로운 친구들과 사귈 수 있는 기회가 많아졌습니다. 갖가지 형편에 처해 있는 사람들이 나와 만난 후 그들의 사는 방식이 밝은 방향으로 변화 되었다든가, 고통 속에서 새로 태어난 것 같이 희망을 얻게 되었다고 하는 말을 들을 때에는 나 자신도 그들을 통하여 큰 격려를 받곤 합니다. 나는 지금 정말로 살기를 잘 했다고 생각하고, 살아가고 있다는 데에 큰 의의와 기쁨을 되새기면서 하루하루를 살아가고 있습니다."

반면에 아키도시 자신은 물론, 두 딸들까지도 자신들이 할 수 있는 일은 분담해서 하도록 정해져 있었다. 이것은 아키도시의 육아 방법이기도 했다. 두 딸들이 초등학교에 다닐 때 있었던 이야기다. 학교에서 돌아온 두 딸들은 책가방과 도시락을 팽개치고 놀러 나가려고 했다. 이때 아키도시가 집에 있을 때면 아이들에게 큰 벼락이 떨어졌다.

"마리도, 룻도 기다려! 둘 다 도시락을 물에 씻어. 엄마는 밥을 하고 해야 할 일이 많으니 엄마가 일하기 쉽게 해드리지 않으면 안 돼!"

그러나 철없는 아이들이기에 말을 잘 안 듣기도 했는데 그럴 때에는 주저 없이 엉덩이를 때려 주었다. 아키도시는 이렇게 해서 딸들을 어릴 때부터 자신의 일이나 자신이 할 수 있는 일은 자신이 하도록 하는 방법을 미국인 선교사로부터 배웠다고 한다.

"아이들을 엄하게 다스리는 사람이 요즘엔 그렇게 많지 않은 것 같습니다. 하지만 그 당시 미국 선교사들이 아이들을 다스리는 것은 남달랐습니다. 아직 기저귀도 떼지 않은 아기를 무릎에 앉혀 놓고 기저귀를 벗긴 다음 슬리퍼 같은 것으로 때려주는 모습을 보고는 깜짝 놀랐습니다. 이것은 어쩌면 엄함을 넘어 유아 학대로 비쳐질 수도 있을 것입니다. 그러나 나는 그때의 일을 잊지 못합니다. 아버지가 때리면 아이는 맞고 울면서 '사랑해요. 사랑해요.' 하며 아빠에게 달려듭니다. 아버지도 눈물을 글썽이면서 어떤 때에는 아이를 때리지 않고 자기의 손을 때리며 이렇게 말을 하기도 했습니다. '네가 미워서 그런 것이 아니란다. 네가 잘못을 했기 때문이야!'

이런 것은 어린아이도 잘 알 수 있는 방법 같았습니다. 그러나 평상시에는 아이들과 엎치락뒤치락 하며 한 덩어리가 되어 놀아 줄 때 아이들은 아버지의 사랑을 피부로 느끼게 되는 것입니다.

이런 것을 보면서 '아이들의 교육은 저렇게 해야 하는구나!' 하고 생각을 하였습니다."

이런 일이 아키도시에게는 어릴 적에 경험해 보지 못한 부자간의 깊은 사랑으로 강하게 와 닿은 것이다. 요네코 가족은 마리가 7개월이 되던 때에 야마나시 현의 미노베라는 산간 마을에 있는 미노베그리스도복음교회로 옮겼다. 그와 동시에 아키도시는 복학한 지 얼마 안 되어 일본 기독교대학을 자퇴하고 말았다. 그 이유는 "생활과의 싸움과 학교에 대한 실망" 때문이었다. 순수하게 전도에만 의욕을 불태우고 있던 아키도시가 학교에서 일부 교수와 학생들의 사고방식에 환멸을 느꼈던 것이다.

"많은 고민 끝에 이 학교에서 더 이상 학업을 계속할 수 없다고 결론을 내렸습니다. 공부는 일생동안 계속해야 하는 것이라고 생각해서 평소에 알고 지내던 독일계 미국인 선교사가 선교 보고와 기타 여러 가지 목적 때문에 귀국해야 하는데 그동안 자리가 비게 되니 와 주었으면 한다는 초청을 받고 자퇴를 결심하게 되었습니다."

아키도시와 요네코의 "방랑"에 가까운 목회생활이 시작된 것이다. 성도 수는 불과 50여 명밖에 안 되는 가난하고 작은 교회의 목사였지만 처음으로 책임 있는 직분을 맡았다는 긴장과 책임감으로 아키도시는 비로소 사는 보람을 찾은 것 같은 기분이었다. 부임 후, 등사판을 밀어서 발행하는 교회 기관지 제1호에 아키도시는 "우리 교회의 사명"이란 글을 실었는데 그 글에서 젊은 목사의 기백과 의기가 충천해 있음을 느낄 수 있다.

🦋 미노베그리스도복음교회는 어떤 특정한 교파에 속하지 않은 초교파적인 예수 그리스도의 교회입니다. 하나님의 말씀인 성경을 바르게 믿고 그것에 충실히 순종하는 사람이라면 모두 우리의 가족입니다. 또한 본 교회는 같은 신앙 노선을 지향하는 각 지방의 5개 교회로 결성된 "복음선교사협의회"의 일원으로서 상호간 주님 안에서 진실한 교제를 가지므로 우리의 사명인 복음 전파를 위해 매진할 것을 다짐합니다.

"복음선교사협의회"는 그 후에 "일본신약교단"으로 개칭되었다. 아키도시는 그 교단의 부회장에 추대되었다. 1959년 10월 요네코 가족이 미노베로 옮겨간 이듬해에 작은딸 룻이 태어났다. 룻이란 이름은 성경의 룻기에 나오는 정숙하고 착한 여주인공의 이름이다. 룻이 태어나자 요네코는 더욱 바빠졌다. 성도의 수도 조금씩 늘어났고, 상담하러 오는 사람들도 많아졌다. 아키도시가 외출할 때는 요네코가 상담을 대신했다. 어린아이를 키우는 것만도 벅찬 시기였다. 하루의 일과가 끝나 밤이 되면 말할 수 없을 정도로 기진맥진해 버렸다. 그렇게 힘이 들고 바쁜 일상

생활 가운데에서도 즐거웠던 것은 하루하루 성장해 가는 마리의 모습을 보는 것이었다. 육아 일기에 다음과 같은 글이 있다.

11월 20일 (마리가 31개월 되던 해)

식사 때만 되면 언제나 마리는 내 곁에 붙어 있다. 주방에서 내가 아무 말도 없이 냄비 속의 음식을 젓고 있으면 여린 손을 내밀어 냄비가 움직이지 않도록 잡아주기도 하고 쓰레기를 버려 주기도 한다. 이렇게 나를 도와줄 때에 느끼는 형용할 수 없는 이 즐거움!

12월 31일

아침식사 때에 처음으로 자기가 기도하겠다고 졸라대는 바람에 가만히 눈을 감고 있었다. 그랬더니 자그마한 손을 모으고 "빵과 잼과 우유를 많이 주셔서 감사합니다!" 라고 기도했다. 얼마나 기뻤던지 가슴이 찡하고 뜨거워져 왔다.

1월 11일

오늘도 내가 주방 일을 시작하는 것을 보고는 장난을 멈추고 "엄마를 도울 거야!" 하면서 젓가락과 스푼을 내어 놓는 모습을 보니 즐거워서 견딜 수가 없다. 때로 도와주지 않는 편이 차라리 낫겠다는 생각이 들 때도 있지만 마리가 하는 일이 서툴고 방해가 되더라도 마리를 위해서 도움을 받기로 하였다.

이 무렵 요네코는 매일 밤 잠자기 전에 성경에 나오는 인물들의 이야기를 일과처럼 아이들에게 들려주었다. 마리가 어릴 적부터 기도를 배우게 된 것도 이런 환경에서 자랐기 때문이 아닌가 싶다. 다음 육아 일기 중에는 마리와 관련된 "기도"에 관한 에피소드를 기록하고 있다.

1월 14일

가족들이 난롯가에 둘러 앉아 예수님에 대한 여러 가지 이야기를 나누고 있을 때였다. 마리가 "엄마, 마리도 오늘 밤 잠잘 때에 예수님께 구원해 달라고 기도할 거예요!" 라고 하였다. 그래서 나는 이불 위에 무릎을 끓고 마리가 기도하는 것을 조용히 들었다.

"예수님, 마리의 마음에 더러운 죄가 꽉 차 있으니 지금 깨끗하게 해 주세요. 마리를 위해서 십자가에서 돌아가신 것 정말 고맙습니다." 하고 진심으로 기도하는 것을 보고 주님께 감사의 기도를 드리지 않을 수 없었다. 마리는 "예수님이 마음에 들어와 주셨어요. 이젠 깨끗해졌어요. 엄마, 마리는 죽어도 천국에 갈 수 있게 되었어요!" 하고 말했다.

이 아이에게 많은 시련을 주시겠지만 주님의 영광을 위하여 마리를 사용해 주실 것을 믿는다.

마리는 4살 가까이 되던 해에 아버지로부터 엉덩이를 호되게 맞은 일이 있다. 이 일은 후일 마리도 가끔 추억담으로 이야기한다고 한다. 언제 들어도 훈훈한 이야기다. 마리는 두 살이 지나면서부터 가까운 곳의 심부름은 스스로 도맡아 했다. 어린 마리가 걱정스러워 요네코가 함께 가자고 하면 화를 낼 정도였다. 그래서 언제나 사가지고 올 물품의 목록을 메모해 주어서 보내곤 했다. 마리의 추억을 들어본다.

"아직 저녁 식사를 하지 않았기 때문에 굉장히 배가 고팠습니다. 그래서 가게 유리 창 너머로 보이는 과자를 먹고 싶었습니다. 그런 것을 밥 먹기 전에 먹으면 절대로 안 된다는 말을 들어왔지만 돈은 손에 있으니 하나쯤 사먹어도 엄마가 모르겠지 하는 생각에 과자 한 개를 샀습니다. 그런데 그 과자가 뽑기를 하는 것이어서 과자 하나가 또 당첨이 되었습니다. 그래서 '아, 잘됐다.' 생각하고 다시 뽑으니 또 당첨이 되었습니다. 그렇게 몇 번인지 숫자도 잊어버릴 정도였습니다. 그러는 동안 이 과자를 아무리 먹어도 끝이 없겠다. 이렇게 먹다가는 배가 불러서 터질 것 같다. 용서받을 수 없는 나쁜 짓을 했다는 생각이 들자 무서워지기까지

했습니다. 집에 돌아오는 대로 엄마에게 고백을 했습니다."

아키도시의 한결 같은 마음

요네코가 사고를 당한 뒤에 아키도시와 만나 결혼하기까지 있었던 일에 대해 이야기를 들으면서 관심은 주로 세 개 밖에 남아 있지 않은 손가락에 집중되어 있었다. 그러나 요네코의 오른손과 의족은 별 불편함이 없는 것처럼 보였다. 그런데 미노베 시절의 생활에 대해 이야기 할 때, 갑자기 의족을 끼고 있는 요네코의 실체가 떠올랐다.

1950~60년 무렵의 요네코는 조금도 여유가 없었다. 집 안에서나 밖에서나 청소는 손으로 할 수밖에 없었다. 요네코가 보통 주부와 똑같이 행동해 주기를 바라는 마음에서 아키도시는 집 안일에 일체 간섭하지 않았다. 그것을 충분히 알고 있는 요네코는 무리인 줄 알면서도 밥 짓는 일은 물론 빨래와 청소하는 일까지 모든 것을 혼자 도맡아 했다. 청소는 선 채로 하는 일이라서 조금은 나은 편이지만 닦는 일은 달랐다. 의족을 끼고서는 마루를 닦을 수가 없었던 것이다. 다행히 두 무릎으로 기어 다닐 수는 있어서 의족을 집어던지고 엎드려서 마루를 닦았다.

"남에게는 보여줄 수 없는 그림이지요!" 요네코는 이렇게 말하면서 살며시 웃었다. 방 한쪽에는 자신의 발이라고 할 수 있는 의족이 세워져 있고, 그 옆에서 절단된 부위를 드러내 놓은 채 몸통만으로 엎드려 기어 다니는 모습을 아무에게도 보이고 싶어 하지 않는 것은 당연하다고 할 수 있다. 자신의 아이들이나 남편에게는 더욱 보이고 싶지 않았을 것이다.

오른쪽 다리는 발목에서 절단되었고, 왼쪽 다리는 무릎에서 절단되었기 때문에 왼쪽 다리 의족은 보조 기기를 많이 사용해야만 겨우 찰 수가 있다. 그러다 보니 대퇴부가 점점 가늘어졌다. 그래서 의족을 끼고 걷다 보면 그 감각을 느끼지 못할 때가 더러 있다.

"왼쪽 다리로는 몸의 무게를 제대로 지탱할 수가 없습니다. 무릎 밑으로 좀 더 길게 남아 있으면 좋았을 텐데 무릎과 잘린 자리가 가깝고, 그곳에는 신경이 복잡하게 얽혀 있어서 무리를 하면 상처가 생기고 통증이 심해집니다. 혈액순환이 잘 안 되기 때문에 금방 부어오르기도 합니다. 그렇기 때문에 추운 곳에서 30분 정도 세탁물 같은 것을 널고 있으면 감각이 없어져 아픈 줄도 모르다가 갑자기 통증이 오기 때문에 떼어보면 조금씩 동상이 걸려 있기도 합니다. 그런가 하면 더울 때에는 열이 굉장히 많이 오릅니다. 열을 발산하는 피부 면적이 적기 때문에 추울 때나 더울 때 나는 모두 고통스럽고 특히 계단을 오르내리고 언덕진 길을 걸을 때에 제일 불편합니다."

험한 언덕길을 오를 때면 꼭 게가 옆으로 기어가는 것처럼 걷지 않으면 안 된다고 한다. 그런 요네코의 모습을 본 마리가 자기의 어깨를 지팡이 대신 붙들라고 권했다는 이야기를 듣고 어린아이의 지혜에 감탄하기도 했지만, 그 착하고 아름다운 마음에 감동을 받지 않을 수 없었다. 어린아이로서 이 이상의 교육이 또 있을까 싶다.

1963년 아키도시 가족은 미노베에서 태평양 연안에 가까운 시즈오카 현 후지미아 시로 이사했다. 전도의 범위를 넓힐 목적으로 아키도시를 미노베로 초청했던 라이모 선교사가 다른 동료와 함께 실제 활동의 거점이 될 수 있는 교회의 설립을 생각하고 있었기 때문이다.

아키도시는 여기에서 강연회 때 자주 얼굴을 대하고 몇 번인가 통역도 해준 일이 있는 오스트리아 선교사 카롤 씨를 만나 친분을 맺게 되었다. 카롤 선교사는 선교사의 지도자적인 위치에 있었지만 일본어를 할 수가 없었기 때문에 적당한 통역자를 찾고 있었다.

"지금까지 몇몇 사람에게 통역을 맡겨 보았지만 당신과 함께 이야기했을 때가 사람들에게 제일 이해가 잘 되는 것 같습니다. 지금부터 특별히 일본교회를 위하여 사역하고자 하는데 함께 일해 주지 않겠습니까?"

카롤 선교사의 권유를 받았을 때에 아키도시는 즉석에서 승낙했다.

"그때까지 만났던 미국인 선교사의 대부분은 군대의 경험은 있어도 사회 경험이 별로 없었던 것 같습니다. 그러나 카롤 선교사는 사회 경험도 풍부하고 신앙심이 아주 깊은 것을 알게 되었고, 오랜 사회 경험에서 나오는 것 같은 지도력에 강하게 끌렸다고 말할 수 있습니다."

아키도시는 어느덧 30세가 되었다. 30세라면 목사로서 자신의 삶에 대한 전기를 마련할 수 있는 시기이기도 하지만 생각하기 전에 먼저 날고 싶은 용기를 가질 수 있는 나이였다.

1964년 3월 18일 아키도시가 서른한 번째 생일을 맞는 날에 아키도시 가족은 도쿄로 다시 이사를 했다. 여기에서 아키도시는 생각하지 않았던 일에 직면한다. 한 채의 집을 자력으로 지을 수 있게 된 것이다. 처음에는 전문가에게 맡길 예정이었다. 하지만 그것은 일반 일본 가옥이 아니었다. 아사기리 주둔지에 있는 미군 하우스를 불하(拂下) 받아서 그것을 개축할 계획이었다. 그 무렵에는 변두리에서 싼 땅을 살 수가 있었기 때문에 그런 곳을 찾느라고 아키도시는 분주히 뛰어 다녔다. 그러다가 아주 싼 땅을 찾았다. 그곳은 고압선이 지나는 위치라 남들이 멀리하는 장소였다. 그래도 60평의 넓이는 아키도시에게 있어서는 충분한 공간이었다. 땅값은 카롤 선교사가 내주었고, 미군 하우스도 200달러로 낙찰되었다. 해체 작업 인부도 조달되었다. 여기까지는 순조롭게 잘 진행되었다. 그런데 해체 작업 중 일본인 목수가 불만을 품고 가버렸다. "마음을 썼어야 했는데 신경 쓸 겨를이 없었고 돈의 여유도 없었지요!"

해체 작업엔 기한이 있었다. 그리고 그 기한이 촉박했다. 카롤 선교사도 불하하는 일이 끝나고 난 뒤에 유럽으로 떠났기 때문에 자금을 융통할 만한 대상도 없었다. 결국 아키도시는 혼자서 나머지 해체 작업에 들어갔다.

🦋 "이런 상태로선 집을 짓는 것까지도 혼자 하지 않으면 안 되겠구나라고 생각했고, 그러기 위해선 해체하면서 원형 그대로를 잘 기억해두지 않으면 안 되었습니다. 실망하고 있을 때가 아니라 하지 않으면 안 된다는 생각밖엔 머릿속에 아무 것도 없었습니다. 나는 필사적이었습니다."

지나치게 무모한 결심이었다. 원래 손재주는 있었다. 어렸을 때 라디오를 조립도 해 보았지만 집 한 채를 뜯어서 다시 세우는 일은 그 정도의 재간으로선 어림도 없는 일이었다. 그러나 플레이트 주택은 각기 구조물의 뼈대가 되는 여러 재료대로 조립하면 나중에 어떻게 지어지든 설계도를 보면서 세울 수 있다고들 했다. 먼저 부재(部材)를 쌓아 둘 장소를 확보하지 않으면 안 되었다. 아키도시는 그때 집을 세울 예정지 가까이 어느 농가에 방 하나를 얻어 생활하고 있었으므로 그 집의 빈터를 빌리기로 했다. 그 다음에 필요한 것은 자재를 운반할 수 있는 수단이었다.

트럭으로 몇 대 분이 될까 계산을 해 본 아키도시는 수중에 남아 있는 돈과 맞춰 보고 모자라는 부분은 자신이 나르기로 했다. 그럴 때에는 이상할 정도로 길이 열리는 것이었다.

"땅을 알선해 준 부동산 업자가 동정해 주어서 그가 가지고 있던 오토바이를 싼 값에 양도해 주었습니다. 나는 그 오토바이 뒤에 리어카를 달고 매일 아키가와로부터 아사기리를 오가면서 자질구레한 자재들을 운반했습니다. 그렇게 하면서 겨우 해체 작업을 끝내고 트럭으로 자재를 전부 운반하고 나자 갖고 있던 돈은 겨우 10만 엔밖에 남지 않았습니다."

그렇지만 아키도시는 유럽에 가 있는 카롤 선교사에게 많은 기대를 걸고 있었다. 건축 자금을 보내주기로 약속했기 때문이다. 그러나 보내온 것은 카롤 선교사가 독일에서 폐렴에 걸렸다는 비관적인 소식이었다.

결국 모든 것을 혼자 할 수밖에 없다고 결심한 아키도시는 가까이 지내는 선교사 중에서 집을 지어본 경험이 있는 사람을 찾아가 건축의 기초부터 공부를 시작했다. 그 중 한 사람이 먼저 물을 확보하기 위해 우물을 파야 한다고 말했다. 당시 우물을 파는 데에만 10만 엔이나 들었다. 그리고 그 지역에는 수맥이 적어서 어떤 집에서는 세 번째에 18m나 파고서야 겨우 수맥을 찾았다고 했다.

"이때는 더 망설일 것 없이 내가 스스로 파는 길밖에 없다고 결심했습니다. 어쨌든 하지 않으면 안 된다. 집을 세우지 않으면 안 된다는 마음으로 된다, 안 된다 하는 것은 문제가 안 되었습니다."

일단 마음을 정하고 작업을 시작했지만 어느 곳에서 우물을 파야 좋을지 분간 할 수가 없었다. 우물을 먼저 파야 한다고 가르쳐 준 선교사가 농담처럼 버드나무 가지를 꺾어다가 지면에 세워놓고 나뭇가지가 넘어지는 방향으로 한 군데를 정해서 파면 될 것이라고 말했지만 아키도시는 자신의 신념대로 충실하게 팔 장소를 결정했다.

"어째서 여기가 좋다는 거예요?" 요네코가 걱정되어서 물어보았지만 무조건 "여기밖에 없다."고 대답할 뿐이었다. 별로 다른 확신이 있었던 것도 아니었다. 하나님의 계시를 받은 것도 아니었다. 이런 고집스런 일면이 아키도시에게 있었다. 먼저 로프와 통나무 그리고 콘크리트 파이프 하나와 자루가 짧은 곡괭이를 샀다.

"친구 선교사가 콘크리트 파이프를 놓고 그 가운데를 파야한다고 말해 주었습니다. 그런 방법이라면 나도 할 수 있다고 생각했습니다. 그런데 나중에 들은 이야기는 아무리 전문가라도 두 사람이 같이 해야 되는 일이라고 했습니다. 그것을 혼자서, 그것도 전문가가 아닌 사람이 혼자 판다는 소리를 듣고 놀란 사람들은 우물을 파는 전문가들이었습니다. 이들은 매일 같이 조롱하기 위해 물을 파는 나의 모습을 보러 와서 올바른 정신이 아닌 사람으로 취급하는 것 같았습니다. 얼마 후에야 그들은 저희들끼리 이렇게 놀라기는 처음이라고 말했습니다."

누가 조롱하던 상관하지 않고 아키도시는 매일매일 땅을 파내려 갔다. 콘크리트 파이프 한 개가 묻히게 되었을 때 새로운 파이프를 하나 더 구입했다. 배달해 준 건재상 사람은 목을 움츠리고 안을 들여다보고는 돌아갔다. 어떤 때에는 땅 위로부터의 압력과 주먹만 한 돌에 걸려 콘크리트 파이프에 금이 가기도 했다. 뿌직뿌직하는 소리가 날 때에는 생명의 위험을 느끼고 밖으로 뛰어 나왔다. 그럴 때에는 보강책을 생각하지 않으면 안 되었다.

이때부터 정보 수집을 다시 했다. 금이 간 곳을 목재로 보강하고 나서 다시 파 들어갔다. 그러는 동안 사다리가 있어야 할 만큼 깊이 파들어 갔다. 그때부터는 흙과 자갈과의 싸움이었다. 파낸 흙과 자갈을 밖으로 끌어내기 위해 통나무를 놓고 도르래를 달아 물통 두 개가 서로 오르내리게 하는 방법도 배웠다. 위에서는 요네코가 기다리고 있다가 물통이 올라가면 흙과 자갈을 리어카에 부었다.

"우리는 즐거운 마음으로 그 일을 해냈습니다. 라디오에서 흘러 나오는 음악을 들으면서 일을 하였고 아이들도 매일 도시락을 싸

들고 와서 소풍 온 기분을 냈습니다."

당시에는 힘들고 고통스러웠지만 아키도시에게는 잊을 수 없는 그리운 추억으로 남아 있다. 때때로 상태를 보러온 우물 공사 전문가들의 태도가 급변한 것은 구덩이의 흙에 습기가 생기면서부터였다. 그들은 "아, 이건 틀림없어요!" 하고 말하면서 가끔은 도와주기도 했다.

🦋 "13m의 깊이라서 거리가 꽤 멀었지만 내가 '물이다!' 하고 외쳤을 때에 요네코가 '물이 먹고 싶어요?' 하고 물어왔습니다. 그 말을 들었을 때 정말 우스웠습니다."

🦋 "나는 '물이다!' 하고 말하기에 물이 마시고 싶다고 하는 줄 알았습니다. 그런데 물이 나왔다고 해서 들여다보았더니 남편이 서 있는 발밑에 물이 고여 있었습니다. 그때의 기쁨은 말로는 표현할 수가 없었습니다. '남편이 혼자서 잘도 해내었구나!' 싶어서 엉엉대고 소리 내어 울었습니다."

그러나 큰 문제는 그 다음부터였다. 우물에서 나오는 물로 시멘트를 개는 일이나 바르는 일 그리고 지붕을 이는 일 등은 아키도시 혼자의 힘으로서는 벅찬 일이었다. 그러나 그는 혼자 모든 일을 해내고야 말았다. 해체된 미군 하우스 자체는 50평 남짓

한 것이었지만 아키도시는 그것을 줄여서 볼품은 없지만 그런 대로 지어 나갔다. 약 삼분의 일 정도의 작업이 진척되었을 때에 그곳으로 이사를 했다.

"집 주변은 풀이 무성한 들판이어서 마치 원시생활로 돌아간 기분이었습니다. 그래도 나의 집이라는 생각을 하니 기쁘기만 했습니다. 그 뒤로 소속된 단체의 책임 선교사에게 자금이 부족할 때마다 돈을 빌리곤 했는데 그분은 '이것으로 당신은 무엇이든지 하면 된다는 신념을 증명했습니다.' 라고 말해 주었습니다."

요네코 집에 전기가 들어온 것은 1개월 뒤의 일이었다. 그리고 23평짜리 집이 완성 되었을 때에 동경올림픽 개최의 팡파르가 라디오에서 큰소리로 들려오고 있었다.

오키나와로 가다

아키도시의 고군분투하던 모습을 가만히 들으면서 몇 번이고 가슴에 와 닿은 것은 '무일푼에 가까운 상태로 이만큼 해 놓았구나!' 하는 놀라움과 '정말 불안한 마음이 들지 않았던 것일까?' 하는 의문이었다. 혼자의 힘으로 집을 지었다는 이야기가 아주 없다고는 할 수 없다. 아무나 할 수 있는 일은 아니지만, 간혹 그런 일을 해내는 의지가 강한 사람이 없는 것은 아니기 때문이다. 그러나 그런 사람들은 어느 정도 준비를 한 후에 한다. 자금이 없이는 불가능 하다는 것은 상식에 속하는 일이며 자금을 구하기 위해서 고심하는 것이 우리의 현실이다.

그러나 아키도시는 그것을 전적으로 무시하고 시작했다. 아키도시는 성격적으로 고지식하고 합리적인 면이 있어 더욱 할 수 없는 일이었다. 차라리 행동파인 요네코라면 다소 이해 할 수는 있을 것 같다. 계산은 어떻게 됐든 먼저 저질러 놓고 보자는 것이 요네코의 성격이지만 아키도시는 생각할 때까지 생각해야 하는, 즉 심사숙고하는 치밀한 성격의 소유자이다. 이렇게 성격이 정반대인 이들 부부를 지켜보노라면 미묘하게도 조화가 잘 맞는 것을 본다. 어쩌면 서로 다른 성격에 매료된 것 같은 생각이 든다.

두 아이를 키우고 집안일에 바빠 아키도시가 원하던 아내의 모습에서 벗어나가는 요네코에게 남편으로서 강한 불만을 가졌던 일도 몇 번이나 있었다. 그러나 아키도시는 인내로 요네코가 다시 제자리로 돌아오기를 기다렸다. 요네코는 남편의 불만을 눈치챘지만 밀려드는 생활의 파도 속에 어쩔 수 없는 자신에게 화를 내곤 했다.

이것은 부부간의 위기라고 할 수 있을 것이다. 지기 싫어하는 성격의 요네코는 그런 위기에 직면하면 결코 피하려들지 않았다. 그러기에 당연히 위기는 증폭되어 갔다. 그러나 위기가 더 깊어지기 전에 아키도시가 먼저 제안을 하곤 했다.

"차라도 마시면서 이야기를 합시다." 이런 제안은 언제나 아이들이 잠든 뒤에 했다. "나는 심부름꾼하고 결혼한 게 아니오. 당신과 함께 성경이나 복음에 관한 이야기를 나누고 또한 함께 기도하고 싶은 생각을 하고 있는 내가 너무 멋대로지?" 이 한 마디가 부부의 위기를 피해 가게 했다. 아키도시는 요네코의 있는 모습 그대로 수용하지 않으려는 마음이 있었고, 요네코에게도 남편에 대한 배려가 부족했다는 것을 반성하는 마음이 있었다. 두 사람만의 조용한 시간이 저들에게 주님 안에서의 사랑이 되 살아나는 역할을 충분히 해 주었다고 한다.

두 딸들이 "우리 집은 아빠와 엄마가 왜 싸움을 안 하지?" 하고 이상하다는 듯이 물을 때면 이렇게 대답한다. "싸움은 하지 않아도 말은 주고받아. 그리고 엄마가 잘못했으면 잘못했다고 빌어! 대체로 엄마가 빌지만…."

요네코는 웃으면서 이렇게 말했다. 이 부분은 아키도시의 냉철함과 요네코의 솔직함이 균형이 잡혀져 있음을 잘 드러내는 것이라고 할 수 있다. 그런데 아키가와에 집을 지을 때에는 아키도시 쪽에서 그 균형을 무너뜨리는 것처럼 보였다. 냉정해야 할 아키도시가 우물을 팔 때에 보여준 것처럼 고집스런 일면을 보였기 때문이다. 왜, 구태여 무모한 계획에 도전했는가? 이 질문에 아키도시는 다음과 같이 대답했다.

"나에게는 확신이 있었습니다. 어떤 일이 있어도 아이들을 품에 안고 거리를 방황하는 일은 절대로 일어나서는 안 되었습니다. 그래서 돈은 없지만 걱정이 안 되었던 것입니다. 그런 것은 아무 것도 아니라는 확신이 있었는데 그것이 나를 바보같이 강하게 만들어 주었습니다. 나는 아무것도 할 수 없었지만 하나님께서 살아 역사하시지 않았다면 이런 기적 같은 일들이 일어날 수가 없다는 것을 경험했습니다. 하나님은 옆에서 직접 말씀을 들려주지 않는다고 할지라도 하나님은 언제나 계셔서 모든 것을 미리 아시고 하나님다우신 계산을 하셔서 우리를 지켜주십니다. 나는 그것을 알기에 안심이라는 확신이 섰던 것입니다. 이런 것이 철저히 나를 지탱해 주었던 힘입니다. 처음엔 작은 믿음이라도 구체적으로 기대하면 하나님께서 구체적으로 응답해 주셨다는 데에서 시작하였는데 그것이 점점 대담해져서 '괜찮을 것이다. 모두 이루어 주실 것이다.' 라는 생각이 더해간 것이 아닌가 하는 생각이 듭니다. 신앙을 관념적으로 받아들이는 사람이 있는 것을 많이 보는데 그것은 참으로 안타까운 일이 아닐 수 없습니다."

이 말을 어떻게 받아 들여야 할지는 각자의 신앙적인 특색에 따라 달라지겠지만, 실제로 아키도시가 해낸 결과를 놓고 본다면 "하나님과의 만남"이란 말의 의미가 어렴풋이나마 이해 될 수 있을 것 같다. 이 뒤에 계속되는 "오키나와 부임"에서도 흡사한 이야기가 있다. 아키도시 가족이 오키나와의 수리복음교회에 부임한 것은 1967년 봄의 일인데 매년 여름만 되면 지독한 더위로 고통 받는 요네코 생각에 아키도시는 부임을 앞에 놓고 갈등을 했다. 친구인 미국 남부 출신 선교사가 더위에는 익숙해진 몸이었지만 오키나와에서는 너무 고통스러워서 두 손 들고 말았다는 것이다.

요네코의 일을 잘 알고 있는 선교사는 아키도시의 결심을 듣고 분명하게 반대 의사를 표명했다. 아키도시가 오키나와 부임을 결정하게 된 이유 중 하나는 오스트리아 선교사 카롤 씨의 발병 때문이었다. 그는 일본인 전도에 대단한 열의를 품고 있던 선교사였다. 그런데 독일에서 폐렴이 악화되어 일본에 올 수가 없게 되었다.

"이제부터 우리는 무엇을 해야 한단 말인가? 어디로 가서 어떤 일을 해야 할 것인가? 오갈 데 없는 상태에서 다시금 하나님 앞에 기도하지 않으면 안 되었습니다. 그때 나의 마음속에 그림자처럼 따라 다니던 오키나와의 일이 생각났고, 그곳 사람들을 향한 마음이 뜨거워지기 시작했습니다. 그래서 오키나와에 가야겠다고 생각했던 것입니다."

아키도시는 1961년 4월 말부터 6월 초에 걸쳐서 1개월여 동안 오키나와에 전도하러 갔던 일이 있다. 소속 단체의 책임자인 리즈너 선교사의 권유로 목사가 없던 수리복음교회에 파견 형식으로 갔던 것이다. 이곳에서 만난 오키나와 사람들의 순박한 인품에 아키도시의 마음이 끌렸다. 그리고 미국인 선교사가 아닌 일본인 목사를 오키나와 사람들이 절실하게 요구하고 있다는 사실도 알게 되었다.

오키나와는 본토에서 멀리 떨어져 있는 섬이라는 인식이 누구에게나 있었다. 아키도시가 소속되어 있는 단체에는 다른 교단처럼 위에서 명령하는 대로 부임하는 제도가 없었다. 교역자의 이동은 언제나 자발적인 의사에 의해서 실행되었다. 그렇기 때문에 오키나와에 파견할 적임자가 좀처럼 나타나지 않았다.

아키도시의 결심은 그런 사실들을 알고 있는 가운데서 이뤄졌다. 단신 부임이라면 문제는 안 되겠지만, 그곳에 영주할 각오까지 했던 아키도시에게는 요네코의 장애를 무시할 수 없었다. 이 일을 두고 고심한 끝에 아키도시가 택한 것은 하나님께 기도하는 일이었다.

"혼자 결정할 일이 아니어서 하나님께 분명한 확신을 주시라고 기도했는데 매일 읽고 있던 성경 말씀 중에서 '가서 열매를 맺게 하라'는 말씀이 마음에 강하게 전해 왔습니다. 이것을 기초로 해서 확신을 가질 수가 있었지만 다시금 확인해야겠다는 심정에서 '하나님, 지금부터 두 주간 안에 누구의 입에서라도 좋으니 이 성경말씀을 나의 귀에 직접 육성으로 들려주세요. 그것을 주님의 응답인 줄로 알고 받아들이겠습니다.' 하고 기도 했습니다."

그런데 어느 날, 아키도시는 그 말씀을 어느 집회에 참석했다가 분명히 들었다고 했다. 신경과민이라고 치부하면 그만이겠지만, 그렇게 단정할 수 없는 무언가를 생각하게 하는 말이었다. 어느 날 밤 집회에서 몇 장의 찬송가가 불려진 다음에 "오늘밤 누가 간증할 사람 없습니까?" 하고 사회자가 말했을 때에 젊은 선교사 부인 한 사람이 일어섰다.

"나는 큰 은혜를 받은 경험이 있습니다. 그 일을 여러분에게 간증하려고 합니다. 그 전에 성경 한 구절을 읽게 해 주시기 바랍니다. 요한복음 15장입니다."

그 부인은 성경을 읽기 시작했다. 그 말씀 중에 아키도시가 기다리고 바라던 "가서 열매를 맺게 하라"는 말씀이 있었다.

"정말 기뻤습니다. 하나님은 이런 방법으로 확신을 주심으로 아무것도 두려워하지 않게 하셨습니다. 그러나 아직도 아내에게는 충분히 이해시킬 수는 없다고 생각했습니다. 그래서 요네코에게 필요한 독자적인 방법으로 확신을 얻도록 해 주십사 하고 기도를 했습니다. 당신이 아무리 반대해도 가고야 말겠다는 말은 차마 할 수가 없었기 때문입니다."

아키도시는 그때 오키나와의 특별집회에 초청되었다. 그래서 미리 현지를 보여주는 것도 좋겠다 싶은 마음에 요네코 그리고 두 딸과 함께 동행 했다. 1966년 12월 24일 크리스마스 이브 때

의 일이다. 요네코가 오키나와에 가기로 결심한 것은 환영회에
참석했을 때였다.

"어떤 할머니 한 분이 계셨습니다. 그분은 오키나와에서 말하는
기도부인이었는데 자식과 손자로부터 영향을 받아 크리스천이
된 분입니다. 이분이 웃으며 다가와서 '다른 사람들은 수입에서
얼마를 낸다고 하지만 나는 수입이 없어서 돈은 드릴 수가 없어
요. 그 대신 내가 농사를 조금 짓고 있는데 부인이 이곳에 와 주신
다면 매일 부엌에 야채를 날라 오겠소!' 하고 말씀하셨습니다. 그
말씀을 들은 나는 이런 사람들을 위해선 죽어도 좋다고 생각했습
니다."

그날 밤의 일이 있고 난 뒤에 요네코의 마음은 정해졌다. 그리
고 다음해 4월 오키나와에 부임했다. 그런데 이때 또 한 번 그 땅
에서 자신들의 생애를 결정짓게 한 중요한 인물과 만나게 될 줄
은 상상도 하지 못했다.

8
산다는
것이
황홀하다

산다는 것이 황홀하다

우리 가족 모두 개척자가 되렵니다

오키나와의 수리복음교회에 목사로 부임한 아키도시 가족은 성도들로부터 열렬한 환영을 받았다. 이 교회는 반 수 이상의 성도가 야헤야마 군도(群島)에서 본도(本島)로 일하러 온 사람들이 대부분 차지하고 있었는데 가족 전체가 교인인 사람이 많았다. 주일의 예배에는 평균 50명 정도의 성도가 모였는데 아키도시가 갈 때까지는 두 사람의 독신 여선교사와 한 사람의 평신도 전도자가 사역하고 있었다.

1967년은 일본이 정치나 사회면에서 오키나와에 관심을 갖기 시작한 시기이다. 그것은 2월에 류우큐 입법과 정례 회의에서 채택된 지방 교육 공무원법과 교육 공무원 특례법이 2만 명의 데모대에 포위되어 본회의를 유회 할 수밖에 없게 되어 결국

11월에는 법령이 폐기되고 말았기 때문이다.

그리고 11월 15일에는 워싱턴에서 발표된 미·일 공동성명 가운데 오키나와 반환의 시기가 명시되지 않았기 때문에 다음 날 16일에는 7만 명이 모여 이에 항의하는 오키나와 현민대회를 열어 시내를 장송곡을 부르며 행진함으로써 주목을 끌었다. 이렇게 어지러운 상황 속에서도 본토에서 유행하는 미니스커트, 고고 찻집, 앵글 주점의 풍속이 흘러들어 왔다.

아키도시가 부임한 교회에서는 이런 사회 풍조에 영향을 받은 남녀 문제와 그들의 가정 문제의 대책에 골치를 앓고 있었기에 강력한 지도자를 절실히 요구하는 성도가 많았다. 아키도시는 이런 오키나와의 현상을 미노베그리스도복음교회의 기관지인 "세상의 빛"에서 다음과 같이 쓰고 있다.

최근 도덕을 벗어난 가정 문제가 악화되거나 증가하는 경향을 볼 수 있는데 오키나와도 그 예외는 아니다. 하나님을 부인하고 하나님께 순종하지 않는 자는 당연히 모든 일에 자기중심이 될 수밖에 없다. 사람은 누구를 막론하고 자기중심으로 밀고 나가기 위해 좋은 줄 알면서도 하나님을 부인하고 있다는 표현이 적절할지도 모른다. 오키나와 사람들은 본토에 있는 사람들보다 순수하게 하나님의 말씀을 잘 받아들이고 순종하는 편이다. 그러나 단순하게 받아들인 만큼 작은 일에도 실족하기 쉽다. 이 교회가 지금부터 직면하게 될 여러 가지 시련을 잘 이기고 그리스도의 향기를 이 땅에 끊임없이 전하며 세상에 빛과 소금으로서의 역할을 충분히 해낼 수 있도록 하나님께 간절한 마음으로 기도할 뿐이다.

아키도시에게 있어서 수리복음교회 목사가 된다는 것은 어떤 의미에서 볼 때, 대단한 결심이 필요한 일이었다. "많은 시련을 이기고 나가지 않으면 안 될 사람"은 오히려 아키도시 쪽이었다. 그러기 위해서 그곳에 거주할 것도 각오하지 않으면 안 되었다.

수리복음교회 성도들에 의해서 아키도시 가족의 생활비는 충당할 수 있었지만 일정한 수입을 확보할 수는 없었다. 더구나 월 150달러(일화 5만 4천 엔)라는 금액으로는 교회관리비라든지 전도지 제작비를 빼고 나면 생활하기가 무척이나 어려웠지만 듀플랜 씨가 보내주는 50달러가 큰 도움이 되었다. 그때까지 요네코에게 지급되던 장애인 수당은 일본 영토 외로 간주되었던 오키나와에 와서는 중단되었다. 그래서 모자라는 부분은 전국 가정문서전도협회가 주관하는 통신 교육 강좌의 채점 아르바이트로 일하며 보충해 나갔다. 아키가와의 집은 카롤 선교사가 대리인을 통해서 매각하였고 그밖에 수속도 다 끝냈다. 그러므로 아키도시 가족에게 남은 재산은 가재도구뿐이었다. 아키도시 가족은 이런 상태에서 오키나와에 건너갔다.

"애당초 아무것도 없는 상태에서 출발하였기 때문에 무언가 잃었다는 생각은 전혀 없었습니다. 다시 한 번 처음 시점으로 돌아온 것이라고 생각하니 오히려 기분이 개운했습니다.”

요네코는 당시를 이렇게 회상했다. 아이들과 굶지만 않고 산다면 나중 일은 어떻게 되겠지 하는 “의지”와 “각오”가 요네코에게는 있었던 것 같다. 부임하자마자 아키도시는 분주해졌다. 작은 섬들로 이루어진 오키나와에는 교회는 물론 전도하는 배조차 들어오지 않는 섬이 많아 때로는 며칠씩 걸려서 배를 타고 순회 전도를 해야 했다. 이렇게 활동하는 가운데 극동방송의 PD와 친해지는 기회가 생겼다.

전에 오키나와에 전도하러 왔을 때에 아키도시는 이 방송국에서 듀플랜 씨에게서 배운 톱 연주를 한 적이 있었다. 이때의 PD와 다시 만나 계속 교제하게 되었다. 아키도시는 특별히 전파 매체에 의한 전도 활동을 하고 있는 극동방송의 기능에 흥미를 갖게 되었다. 이전부터 학교나 교회에만 의존하고 있는 전도 방법에 한계를 느끼고 있던 아키도시는 언젠가 집회에서 목사의 설교를 수화로 통역하는 것을 보고 감격한 일이 있었다.

“정말로 눈이 밝아지는 것 같아서 감격스러웠습니다. 그래서 통역을 하고 있는 사람에게 언제부터 이런 일을 하고 있느냐고 여러 가지를 물어보았습니다. 그때는 가만히 앉아 그럴 듯하게 종교적인 행사에 몸을 맡기고 그저 자기 마음의 평안만을 얻으면 족하다는 풍조에 반발을 느끼고 있던 때였습니다. 내가 아는 기독교란 것은 좀 더 활동적이고 행동적인 것이어서 사람들을 인도해내는 힘이 있어야 하는 것이었습니다. 그 무엇이 앞을 가로 막는다고 해도 온 힘을 다해서 뛰지 않으면 안 된다는 그런 소신이 있었기 때문에 시각을 통한 입체적 표현 방법의 전도 방법에 흥미를 갖게 된 것이 아닌가 합니다."

이러한 아키도시의 흥미를 만족스럽게 해주는 것이 극동방송에 있었다. 그러나 흥미를 가지는 것에 만족하고 아키도시 나름대로 프로그램을 제작할 것을 생각해 보았다. 아직은 그것을 계속적으로 전도할 수 있는 방법과 수단이 없었기 때문이었다.

그러던 어느 날, 친구인 PD로부터 한 사람을 소개받았다. 그 사람과의 만남을 계기로 아키도시의 꿈은 실현되는 방향을 향해서 달리기 시작했다. 그 사람은 캔 앤더슨으로 많은 책을 발간한 저자이면서 저널리스트이며 영화 제작에도 관여하고 있는 인물이었다. 아키도시는 그를 소개 받았을 때에 문득 지난날에 노방전도를 하던 시절이 기억이 났다.

전쟁 후, 한때 미국으로부터 수입한 대형 지프차에 천막을 싣고 한군데에서 한 달여 정도 체류하면서 전도하는 것이 성행한 적이 있었는데 그럴 때 전도용 영화를 상영하곤 했다. 그것은 무디과학원(미국의 저명한 전도자 D. L. 무디전도협회의 지부)이 제작한 자연과학 영화였다. 자연계의 현상이나 동식물의 상태를 통해 "하나님의 천지 창조"를 풀이한 것으로 언제나 이삼백

명의 관객이 모여 들어 평판이 좋았다. 이것은 아키도시에게 시청각에 의한 전도를 생각하게 한 계기가 되었다.

그러나 자연과학 영화의 번역이 서툴러 아키도시는 불만이었지만 자신이 그 일에 직접 관여할 것이라고는 생각하지 못했다. 미국에서 온 앤더슨 씨가 아키도시에게 그 작업을 일본인인 그에게 직접 해보지 않겠느냐고 제안하면서 이렇게 말했다.

"나는 돈을 내놓고 나의 회사를 위해서 일을 해 달라고 부탁할 생각은 전혀 없습니다. 나도 20년 전에 경험이나 자금이 전혀 없는 상태에서 영화제작 사업을 시작했습니다. 일본에서도 누군가가 이 일을 위해 헌신적으로 일한다면 틀림없이 하나님께서 도와주실 것입니다. 이 일은 일본 기독교인들의 문제입니다. 나는 내가 할 수 있는 일을 통해 당신들을 도우려고 합니다. 그렇지만 이것은 당신들의 일임을 알아야 합니다."

앤더슨 씨로부터 이런 말을 들었을 때, 아키도시는 민감하게 자신의 마음이 떨리고 있는 것을 느꼈다. 기독교인으로서 자신의 장래에 좋은 영향을 미칠 것이라는 확신이 들었다.

"앤더슨 씨의 제안에 마음이 끌렸습니다만, 또 한 가지 마음을 끌었던 것은 앤더슨 씨의 명함 뒤에 적혀 있는 짧은 문구였습니다. If not I, who? If not now, when?(만약 내가 아니면 누가? 지금이 아니면 언제?) 대단히 짧은 문구임에도 불구하고 묘하게 마음에 남았습니다. 그 의미가 내 나름대로 이해가 되었고, 내가 가야할 방향은 이미 결정되었다고 말할 수 있을 것 같았습니다. 그것은 내가 무슨 일을 할 수 있을 것인지, 하나님께서 무슨 일을 하시고자 하시는지를 알게 되었고, 일본에 그런 일이 필요하다고 알게 된 이상 먼저 그 일을 위해 이제부터 나의 생애를 바쳐야 한다고 결심하게 되었습니다."

결심을 하고 나면 무엇이든 즉각 행동으로 옮기는 아키도시는 다음날 재빨리 앤더슨 씨를 찾아 갔다. 여러 가지 이야기를 나누는 가운데서 깨달은 것은 두 사람이 같은 방향을 향하여 걷고 있는 동역자 입장에 있다는 사실이었다. 앤더슨 씨는 하나님을 향하여 투철하고 열정적인 신앙을 가진 크리스천이었다. 현재 미국교회를 지배하고 있는 위선적인 신앙에 분노가 난다는 사람이었다. 아키도시는 앤더슨 씨에게서 자기 자신을 보고 있는 것 같은 기분이 들었다. 그래서 이 사람에게 요네코를 꼭 소개해야겠다고 생각했다. 아키도시와 함께 영화를 제작하게 되었을 때에 앤더슨 씨는 아키도시에게 이렇게 말했다.

"여러 나라를 여행하다 보면 많은 사람들에 의해 자기 마음에 간직하고 있는 드라마나 체험을 간증하는 것을 듣게 되는 경우가 있습니다. 그렇기 때문에 내가 요네코 여사를 만나기로 약속했을 때에도 그저 아키도시 기분을 상하지 않게 하면서 요네코 여사의 영화제작 일을 거절할 수 있는 방법이 없을까 하고 그것만을 생각하며 약속된 장소에 나갔습니다. 그런데 요네코 여사를 만났을 때에 그 마음은 사라지고 말았습니다. 한 마디로 충격을 받았다고나 할까 그것은 나의 생애를 통해서 가장 감동적인 순간이었습니다. 그래서 이 사건을 어떻게 해서든지 세상 사람들에게 알려야겠다고 생각하게 되었습니다."

요네코를 만날 때까지는 당분간 영화제작을 하지 않기로 작정했던 앤더슨 씨였지만 무엇엔가 홀린 것처럼 영화제작 기획을 시작했다. 앤더슨 씨가 경영하는 "캔앤더슨영화사"는 전 세계에 걸쳐 유력한 크리스천 투자자들을 갖고 있다. 그리고 제작비가 1만 달러에서 100만 달러에 달하지만, 완성된 영화의 회수에 따라 15% 정도의 배당금이 지불되는 시스템을 갖고 있으며 영화 상영이 미미하여 오랫동안 기다려야할 때에도 최저의 배당률이 보장된다. 그리고 자금이 완전 해소된 다음에도 상영 요청이 많을 때에는 그때그때의 수입에 따라 배당금이 계속해서 출자자에게 지불된다. 요네코의 영화인 "산다는 것"(상영시간 45분, 제작비 1만 5천 달러)은 그 시점에서 제작비 문제로 중단할 위기였으나 마침 인도의 오지에서 병원을 경영하고 있던 한 영국 의사가 계속해서 제작비를 융자해 주기로 하였다.

영화의 내용은 어머니가 세상을 떠난 후에 고독으로 번민하던 요네코가 전차에 뛰어 들었으나 생명을 구하게 되어 병원에 입원해 있을 때에 크리스천인 아키도시 청년에게 인도되어 크리스천으로 새로 태어나 결혼해서 두 아이를 낳고 하나님의 은총을 입어 힘차게 새 삶을 살아간다는 이야기이다. 그 시나리오는 앤더슨 씨와 아키도시가 공동 집필하였다. 아키도시는 이 시나리오를 쓰는 과정에서 한 달 간 베트남 라낭에 다녀왔다. 영화제작 과정을 몸소 체험하고 싶었기 때문이다.

"영화가 어떤 순서로 만들어지는지 알고 싶어 하는 나의 마음을 앤더슨 씨가 알고 담임하고 있는 교회에 한 달 가량 대신하여 사역해 줄 사람만 있다면 왕복 여비와 체류비 일체를 앤더슨 씨가 부담해 주기로 했습니다. 그래서 라낭에서 한 달 간 베트남 영화를 다듬어주는 일을 하고 요네코의 영화 시나리오를 앤더슨 씨와 둘이서 집필하여 그것을 다시 일본식으로 받아들일 수 있도록 내가 최종 마무리를 한 후에 촬영에 들어가게 되었습니다."

제작 기간은 1년 정도 걸렸다. 앤더슨 씨는 이 영화를 먼저 미국 전역에 소개할 계획을 세우고 있었기 때문에 영어판이 완성되는 대로 곧, 미국 내 루트를 통해서 상영했다. 그 반응은 굉장했다. 먼저 제작자인 앤더슨 씨가 놀라움을 금치 못했다.

"굉장하고 정말 멋진 반응입니다. 이 영화를 관람한 사람들 모두 너무 감동을 받고 꼭 요네코 여사를 만나보고 싶다고 요청하거나 간증을 신청해 오는 일도 있습니다. 그래서 요네코 여사를 미국에 초청하고 싶습니다. 모든 비용은 제가 지불하겠습니다."

이런 내용의 편지가 아키도시에게 전달된 것은 1970년에 들어설 때였다. 앤더슨 씨가 계획한 것은 미국과 캐나다에서 최소

한 1년에서 2년 동안 순회하면서 강연하는 것이었다. 생각조차 해보지 않았던 일에 아키도시나 요네코는 기쁨으로 그 계획을 받아들이고 싶었지만 결심하는 데는 시간이 필요했다. 먼저 수리복음교회 성도들의 양해를 얻지 않으면 안 되었다. 아키도시가 부임하고 나서부터 날마다 교회가 성장하고 있는 상태였기에 이들을 설득하기에 어려움이 있을 것으로 예상되었다.

그리고 두 아이의 양육 문제가 걸렸다. 마리는 중학교 1학년생이었고, 롯은 초등학교 6학년생이었다. 두 아이 모두 영어를 몰랐기에 더욱 걱정이었다. 그러나 아키도시와 요네코는 여기서도 모든 일을 하나님께 맡기기로 했다. 영화 "산다는 것"의 일본어판 편집의 일을 목전에 두고 있던 아키도시는 수리복음교회의 성도들과 두 명의 여전도사에게 자신의 전도용 영화에 거는 정열과 결의를 말하고 설득하였다. 그렇게 하여 그들로부터 겨우 양해를 얻을 수 있었다. 그때의 사정은 도쿄로 옮겨간 아키도시 가족이 1972년 5월 수리복음교회와 성도들에게 미국행을 알리는 편지에 자세히 나타나 있다.

우리 가족이 제2의 고향으로 정하고 4년 동안 살아온 정든 오키나와를 떠나 주님께서 맡기신 영화 전도라는 사명에 전력을 기울이고자 우선 동경으로 이사해온 것이 꼭 1년 전의 일입니다.

일본의 전도 영화에 관해서는 어느 정도 지식이 있다고 자부하는 우리였습니다. 그리고 일본 기독교인 손으로 만들어진 영화로 일본의 영화 전도 운동을 추진하는 것이 중요한 것임을 느껴오던 터에 미국의 일반 영화제작자를 만났을 때, 일본 기독교인으로서 할 일과 그 가능성에 대해 알려 주었습니다. 그 후 몇 달이 지나 많은 것을 통하여 이 일에 관해서 내가 해야 할 일이 무엇인가 하는 것이 비로소 분명해졌을 때 수리복음교회의 형제자매들도 이 일에 대해서 그것이 주님의 인도하심이라는 것을 깨닫고 만장일치로 수리복음교회에서 영화 전도를 위하여 선교사로 파송하는 형식으로 보냄을 받았습니다.

이곳으로 오게 된 것은 정말 뜻밖이었습니다. 요네코의 간증을 영화로 만들 수 있게 되었고, 실제로 그 제작을 하기 위한 일을 할 수 있었기 때문입니다. 이제부터는 계속 협력해서 영화 전도를 진행해 나갈 미국의 인터내셔널 필름사로부터 스텝진을 일본으로 불러들여 우리의 첫 작품인 "산다는 것"의 촬영을 끝내고 현재 스튜디오에서 편집하는 작업을 급히 서두르고 있는 중입니다. 영화를 만들고 그 보급에 전력을 기울인다 해도 그것은 결코 쉬운 일이 아닙니다. 그러나 이미 그 중요성만은 널리 인식되고 있습니다. 전도를 위한 이 중요한 일을 언제까지 일부의 외국 기독교인들에게 맡겨 놓고 있을 수만은 없다고 판단이 내려져 오는 8월 5일 우리는 약 2년 간 체류할 예정으로 미국으로 출국하여 먼저 일본에서 영화 전도를 제작하는 데 필요한 모든 방법을 배우고 미국 각지의 교회를 방문하여 제작한 영화를 소개하고자 합니다. 그리고 일본에 돌아온 후에 일본에서 일할 수 있도록 기도해 주시기를 부탁드립니다.

  중학교 2학년생인 마리와 중학교 1학년생인 작은딸 룻도 함께 출국합니다. 여행 중에는 통신 교육이나 그곳의 학교에 통학하는 방법으로 공부를 계속하는 한편, 수업에서는 배울 수 없는 것들을 많이 배우고 와야겠다고 기대가 대단했습니다. 이곳으로 이사할 당시 두 아이 모두 걱정했던 대로 오키나와 학교에서의 공부 진도가 이곳보다 늦은 것을 경험하게 되어 속상해 했지만 극복했고 우리와 함께 오키나와의 따뜻한 인정과 인간에 의해서 파괴되지 않은 자연의 아름다움을 그리워하며 서로 옛 이야기를 나누곤 했습니다. 그런 아름다움이 계속 이어졌으면 얼마나 좋을까라고 생각해 봅니다. 우리 가족에게 급료를 지불해 주는 회사도, 신분을 보장해 주는 단체도 없습니다. 그러나 함께 손잡고 주님 안에서 일할 수 있는 많은 형제자매가 있습니다. 다리는 없지만 요네코도 오늘까지 잘 걸어왔습니다. 우리의 앞날엔 개척자에게는 필수적인 험한 가시밭길이나 주체할 수 없는 큰 나무 같은 것들이 가로막고 있겠지만 지금까지 길을 열어주시고 걸어가게 하신 주님의 인도가 계속 이어질 것을 믿고 우리는 걸음을 멈추지 않을 것입니다. 함께 역사해 주시는 주님만이 우리의 전 재산입니다. 부디 가장 작은 우리 가족을 위하여 기도해 주시기를 부탁드립니다.

여러분을 사랑하는

다하라 아키도시, 요네코, 마리, 룻

그 후에 아키도시와 요네코가 창립하여 시청각에 의한 복음 전도를 목적으로 하는 "필미디어(Filmedia)"는 사실상 이때부터 출발했다고 할 수 있다.

나를 쳐다보고

주님의 거룩하신 이름을 우러러 보며 이 편지를 쓰고 있어. 세월은 빨라서 이제 얼마 안 있으면 부활절이구나. 부활하신 주님을 믿는 자답게 살고 있는 기쁨을 날마다 맛보면서 간증하는 자가 되기를 진심으로 원한다. 우리가 있는 미시간 주의 디트로이트는 매일 조금씩 따뜻해지는 날도 있는가 하면 많은 눈이 내려서 겨우 싹이 움텄던 나무가 다시 시들어지기도 해. 날씨가 참으로 변덕스러워!

이곳에 머문 지도 벌써 한 달여가 되었지만 누구에게도 편지를 쓸 여유가 없어. 주일에는 예배에 참석해야 하고 평일에도 매일 저녁 집회에 초청되기 때문에 밤 11시에서 12시경에야 숙소로 돌아오면 입을 열 수도 없을 정도로 피곤해서 빨래 같은 것은 아예 엄두도 내지 못하고 있어. 그런 와중에서도 몸을 가눌 수 있다는 것이 이상하게 생각될 정도이고, 다음날 아침이 되면 다시 원기가 왕성해서 봉사 할 수 있기에 정말 기쁨으로 일하고 있어.

4월은 북다코타 주, 5월은 매사추세츠 주, 그리고 6, 7월은 캐나다로 전도 여행을 계속해야 하므로 마치 집시와 같은 생활을 하고 있어. 그러나 시골의 조그만 동네에서 단 하나밖에 없는 교회에 어린아이로부터 80세에서 90세의 나이 많은 어른들이 모여 "나도 수십 년 전에 다시 태어났답니다." 혹은 손을 잡고 "천국에서 다시 만납시다!" 하고 말할 때에는 정말로 주님 안에 있는 나의 형제들이라는 생각을 하게 돼.

마리와 룻은 우리와 따로 생활하고 있어. 아이들을 데리고 다니는 것은 우리에게는 즐거운 일이지만 공부에 지장이 많고 친구도 없어 영어를 할 줄 모르기 때문에 이래서는 안 되겠다 싶어서 친구가 운영하는 기독교 학교에 마리가 입학한 지 벌써 두 달이 되었는데 중학교가 없어서 바로 고등학교에 들어갔어. 수학이나 가정과 같은 과목은 잘 하는데 화학은 힘들다고 말해. 그래도 본인이 기뻐하고 친구도 많이 생겨서 즐거운 나날을 보내고 있어. 룻은 4월부터 펜실베이니아에 있는 친구 집에서 학교에 다니게 되었어. 부모로부터 떨어져 생활하게 되면 외로울 때도 있겠지만 많은 것을 배우면서 주님 안에서 잘 성장해줄 것을 믿고 이렇게 학교에 보내고 있어.

이제부터의 여행은 나와 남편 두 사람만이 하게 되었어. 오늘은 4월 1일 오하이오 주에서 막 돌아오는 길이야. 오늘밤도 저녁 7시부터 근처의 교회에서 집회를 갖고 다시 북다코타 주로 출발해. 오늘까지 4일 동안 말론칼리지라는 대학의 선교회에 나갔어. 많은 대학생들과 매우 즐거운 모임을 가졌지. 그러나 학창시절을 심각하게 생각하고 있는 사람이 있는가 하면, 그저 막연하게 보내는 사람이 있어서 인간이 사는 방식도 여러 가지요, 생활은 풍족하지만 하나님을 영접하지 않고 자기가 좋아하는 일에만 몰두하는 학생들을 보면서 인간의 사는 방법의 차이가 엄청나게 다른 것을 새삼 깨닫게 돼. 귀를 막고 있는 학생들을 위해서 진정으로 기도해야 할 필요가 있다는 생각을 했어.

1974년 4월 2일
친구 요네코가

위 편지는 미국으로 건너간 지 1년 가까이 지났을 때에 요네코가 일본의 친한 친구에게 보낸 편지이다. 마리와 룻은 이때부터 부모의 품을 떠나 자립의 길을 걷게 된다. 아키도시와 요네코는 모든 것을 하나님의 뜻에 맡기기로 결심하고 시작한 일이었기에 그만큼 이 전도 여행에 온 정열을 쏟았음을 이해할 수 있을 것 같다. 아키도시와 요네코의 미국 전도 여행은 자동차로 15만km, 기간으로는 42주에 달하는 여행이었다. 요네코는 이때 일본 여자라는 것을 강조할 생각에서 두 딸과 자신이 입을 화복(기모노)을 몇 벌씩 가지고 갔다.

15년 전 의족을 만들기 위해 듀플랜 씨의 초청으로 미국에 왔을 때 화복 입은 모습을 미국인들이 좋아한다는 것을 알고 있기에 집회에서 화복을 입어도 좋을 것이라고 생각했다. 몇 개의 보조도구를 사용해서 옷을 입는 요네코의 모습은 아무리 보아도 오른손 손가락 세 개로 화복을 입었다고는 믿을 수 없을 정도로 멋진 모습이었다. 화복을 입고 서 있을 때에는 의족을 했다는 것을 알아 볼 수 없기 때문에 보는 사람들은 요네코의 장애는 팔뿐이라고 생각했다. 그만큼 요네코의 모습은 자연스럽고 당당했다. 여행을 할 때에는 양복부터 필요한 일용품 일체를 늘 차에 싣고 여행을 했던 이때의 경험이 미국에서 돌아와 일본 국내를 강연하고 다닐 때에 편한 여행이 되게 하였다.

국내외 강연 여행에 동행했을 때, 한 곳에서 강연을 끝내고 다음 장소로 향하는 도중에 아키도시가 차를 운전하는 옆 좌석의 좁은 공간에서 재빨리 옷을 갈아입는 요네코를 보고 깜짝 놀란 적이 있다. 이것 역시 미국 여행 중에 터득한 기술이라고 했다.

"치장을 하자는 것이 아니라 오랫동안 차로 여행을 하다 보면 옷이 더러워지고 구겨집니다. 그런 복장으로 사람들 앞에 서는 것은 상대에게 실례를 범하는 것이고 저도 기분이 좋지 않습니다."

요네코는 차 속에서 단순히 옷만 갈아입는 것이 아니라 슈트에서부터 원피스, 어떤 때에는 블라우스와 스커트를 오른손에 남아있는 손가락 세 개로 갈아입었다. 결코 용이한 일이 아님에도 불구하고 그것을 해내고 있었다. 요네코는 손가락이 세 개밖에 없다고 해서 비관하는 일이 없었다. 세 개만 있으면 어떤 일이라도 할 수 있다면서 종이로 학을 접어 보여 주었을 때는 청중 속에서 감탄의 소리가 터져 나왔다.

이와 비슷한 일을 호주에서 겪었다며 요네코가 들려주는 이야기가 하나 있는데 그것은 병원에 입원 중인 나이 많은 노부인을 방문했을 때, 단 1~2분 동안에 일어났던 일이다. 이 외로운 노부인은 짧은 왼팔로 종이 끝을 누르고 오른손에 붙어 있는 세 개의 손가락으로 종이를 접어 나가는 요네코의 손놀림을 눈 한 번 깜박이지 않고 열심히 보았다. 과연 무엇이 되어 나올 것인지 상상도 못하고 있는 노부인에게 요네코는 이렇게 말했다.

"이것이 일본에서는 병이 든 사람에게 그 병이 속히 나을 수 있도록 기도하면서 천 개를 만들어 보내주는 것입니다. 오늘은 천 개를 만들 수가 없으니까 이 한 개 속에 천 개 분의 정성을 모아 당신에게 선사합니다."

아키도시의 통역으로 이렇게 말을 하면서 접어 올린 종이학에다 입김을 한 번 훅 불어서 부풀게 한 다음 그분의 손에 쥐어 주었을 때 노부인은 눈물을 흘리면서 요네코에게 이렇게 말했다.

"고마워요. 나는 일본 사람을 보는 것도 처음인데 전혀 만나보지도 못했던 당신이 부자유스러운 손으로 만들어 준 이것은 나의 보물로 간직하겠어요. 정말로 고마워요!"

노부인이 이렇게 말을 할 때에 요네코는 "단 세 개밖에 없는 나의 손가락으로 사람들에게 위로를 줄 수 있다고 생각하면 내가 살고 있다는 사실이 얼마나 멋지고 황홀한지 기뻐서 견딜 수가 없습니다." 라고 했다.

"참으로 좋은 말씀을 들려줘서 고맙습니다. 당신의 삶을 사랑하는 방법을 듣고 멀쩡한 내가 아무것도 하지 않고 있다는 것이 부끄러워집니다. 이제부터 나의 인생도 삶을 사랑하는 방법으로 바꾸도록 노력하겠습니다."

집회가 끝나고 돌아가려고 할 때 요네코에게 악수를 청해 온 한 여성이 눈물을 글썽이며 말까지 더듬거리면서 말했다. 남에게 잘 보이기 위한 어떤 계획된 행위로 결코 볼 수 없을 만큼 요네코의 행동은 꾸밈이 없고 진솔하다. 그것은 진실한 행위가 얼마만큼 일그러지고 혼탁한 사람의 마음을 정화하는 데 중요한가를 보여주는 것이다. 요네코의 이야기를 듣기 위해 모여드는 사람들 가운데 "하나님의 구원"을 원하는 사람이 얼마나 되는지는 알 수 없다. 그중에는 요네코가 장애인이라는 사실만 듣고 "그런 사람을 보고나면 괜히 마음이 울적해지기 때문에 싫다."고 거부 반응을 보이는 사람들도 많은 것 같다. 그러나 요네코를 실제로 만나 이야기를 들어본 사람들은 믿을 수 없을 정도로 맑고 밝은 목소리로 생생하게 이야기를 엮어나가는 요네코의 모습에 어김없이 감동을 받는다. 이런 요네코의 모습과 이야기를 듣고 난 사람들 중에는 자신의 삶의 방식을 바꾸는 사람들도 많았다. 이런 사실은 가시하라의 루터교회에서 만난 나카무라 게이코라는 28세 여성이 그 좋은 예라고 할 수 있다.

게이코는 1979년 10월 자신이 근무하고 있던 4층 건물인 병원 옥상에서 투신자살을 시도했다. 어머니를 위암으로 잃은 지 3개월째 되던 날에 일어난 일이다. 교토에서 출생하여 자란 게이코는 칠 남매 가운데 다섯째로 "무지무지하게 어리광쟁이였고, 자신의 요구가 통하지 않을 때에는 어머니에게 마구 투정을 부리곤 했다."고 한다. 중학교를 졸업할 무렵부터 간호사를 선망하여 간호학교에 입학하기 전부터 지체부자유아 시설에 근무한 일도 있었다. 그리고 22살이 되던 해에 간호학교를 졸업하고 대학 병원에서 간호사로 근무를 시작했다. 1978년 5월에 아버지가 뇌일혈로 쓰러져 3개월 간 입원하였고, 그해 12월에는 어머니가 위암으로 입원하는 불행이 겹쳐졌다.

"내가 간호사이면서도 어머니의 병환을 알지 못했다는 사실이 그렇게 후회스러울 수가 없었습니다. 어머니는 수술조차 할 수 없을 정도로 암의 진행이 심해져 2개월을 넘기기가 어렵다는 통고를 받았습니다. 어머니는 왜 자신의 몸이 이상하다는 말을 한 마디도 안 하셨는지 야속하기만 했습니다."

게이코는 그때의 일에서 헤어나지 못하고 있었다. 병원 안에 있는 암 연구소에 잘 아는 의사로부터 백신을 얻어다가 병이 낫기를 기대하고 어머니에게 계속 주사를 놔 드렸다. 그 결과 어머니는 1979년 3월에 잠시 퇴원했을 정도로 좋아졌다. 그러나 약

3주 뒤에 다시 상태가 악화되어 근처에 있는 일본 적십자병원에 재입원했지만 결국 7월에 돌아가시고 말았다.

"그때 나는 근무 중이어서 어머니의 임종을 보지 못했습니다. 간호사가 되었을 때에 '이 직업은 부모님이 세상을 떠날지라도 못 볼 수도 있는 직업이니 각오해야 한다.'는 말을 들었는데 그대로였습니다. 그 후로부터 나의 기분은 요네코 여사와 닮은 곳이 많았습니다. 세상이 허무하고, 외로워서 견딜 수가 없었습니다. 그래서 결국은 못난 짓을 하고야 말았습니다."

사건 전후의 일은 기억이 오락가락해서 잘 모른다고 했다. 순전히 충동적인 자살 행위였으나 운이 좋았던 탓인지 생명만은 건졌다. "운이 좋았다."는 것은 높은 곳에서 뛰어 내려 자살을 시도할 때는 대부분 머리부터 떨어지기 때문에 즉사하기 마련인데 게이코는 발부터 떨어졌기 때문이다.

그러나 그때문에 분쇄 골절로 한쪽 발은 피부 밖으로 튕겨져 나왔고, 또 한쪽 발은 복사뼈까지 형체를 알 수 없을 만큼 부서지고 말았다. 척추는 세 군데나 골절되어 1번과 3번 요추와 12번 흉추가 부서져 밖으로 삐져나와 있었다. 당연히 하반신은 마비되어 버렸다. 입원한 지 한 달 뒤에 이대로 두면 전신마비가 될 수밖에 없다는 의사의 소견에 따라 생명이 위험하다는 사실을 알면서도 대수술을 받았다. 그 결과 발의 감각이 다시 돌아온 것뿐만 아니라 걷기 힘들 것이라고 했지만 척추의 양쪽에 30cm의 쇠를 박아 앞으로 구부리는 것과 옆으로 몸을 돌릴 수는 없지만 상체를 세울 수는 있게 되었다. 그렇게 4개월 동안 게이코는 깁스 침대에 반드시 누워 있어야만 했다.

"어느 날 간병인 아주머니가 요네코 여사의 이야기를 들려주면서 '그런 사람도 있는데 아가씨는 그 사람에 비하면 손도 발도 다 있잖아요. 힘을 내요.' 하며 격려해 주었습니다. 그러나 그때에는 그저 '그런 사람도 있는가 보다.' 라고 생각했습니다. 얼마 후에 나는 깁스를 목에서 허리까지 한 채로 퇴원을 했습니다. 그리고 6개월 정도 지났을 무렵, 신문의 칼럼난에 요네코 여사가 교토에 와서 강연을 한다는 기사를 읽고 한 번 만나러 가볼까 하는 마음이 들었습니다. 그 무렵 나는 심한 우울증에 빠져 있었습니다. 정신적으로 형편없이 낙심이 되어 몸의 아픔이 사라진다 해도 이제는 아무것도 할 수 없다, 이것도 안 된다, 저것도 안 된다고 생각하면서 암담한 기분이었습니다. 병원의 의사 선생님이 크리스천이어서 교회에도 나가 보았지만 신앙 같은 것을 받아들일 만한 마음의 여유가 없었습니다. 그런데 요네코 여사는 나보다도 더 어려운 장애를 극복하고 살아왔다고 했습니다. 어쨌든 만나봐야겠다는 생각을 했습니다. 그런데 요네코 여사의 두 다리가 의족이란 말을 듣고 지팡이를 짚고 있는 나와 다를 바가 없다고 생각했습니다. 그러나 전혀 다른 모습을 보고 믿을 수가 없었습니다."

요네코도 그때의 게이코의 일을 잘 기억하고 있었다. 양손에 지팡이를 짚고 어두운 얼굴을 하고 있어서 이 사람이 혹시 잘못

되는 것은 아닐까 하는 생각을 했었다고 했다. 게이코는 그때부터 요네코와 몇 번의 편지를 주고받으며 삶의 의욕을 갖게 되었다고 한다.

"요네코 여사도 저렇게 잘 살고 있지 않은가? 이번에 요네코 여사를 만나러 갈 때에는 지팡이를 짚지 않고 걸어서 가리라고 결심을 하곤 했습니다."

게이코가 말한 "이번"의 만남은 가시하라의 루터교회에서 이루어졌다. 그때의 게이코는 장애를 갖고 있다는 것을 잊은 것처럼 밝은 모습으로 변해 있었다. 지팡이도 짚지 않았다. 그녀의 말에는 탄력이 있었고 웃기도 잘했다.

"이렇게 사람들과 이야기하는 것은 전에는 상상도 할 수 없는 일입니다. 웃어 본 일도 거의 없었는데 요네코 여사를 만나고부터 인생이 변화되었습니다."

게이코는 현재 파트타임으로 간호사로 일하고 있다. 그뿐 아니라 가까운 장래에 결혼할 계획도 갖고 있다. 게이코가 이렇게 변화된 것은 요네코도 놀랄 수밖에 없었다. 우리는 이런 사실을 어떻게 생각해야 할 것인가? 요네코의 삶의 방식이 "하나님의 역사하심을 증명" 하는 것이라면 그것을 믿고 있는 편이 솔직한 것이 아닐까라는 생각이 들었다. 그것을 믿고 새로 태어나서 새로운 인생을 걸어가기 시작한 사람이 있다는 사실을 누구도 부정할 수 없기 때문이다.

9
사랑의
순례

사랑의 순례

한 알의 밀알이 되어

　다하라 씨 부부의 강연 여행에 동행하면서 언제나 느끼는 것은 요네코로부터 무엇인가를 얻기 원하는 사람들이 많다는 사실이다. 한정된 시간 동안 강연을 하기 때문에 주로 요네코의 체험을 집중적으로 이야기하고 끝나는 때가 많다. 장애를 극복한 체험이라고 하지만 구체적으로 이야기 하는 것은 두세 가지밖에 안 된다. 이야기를 들어본 사람들 중에 어떤 이들은 자신이 장애를 입지는 않았지만 가족이나 친척, 혹은 친지 가운데 그런 사람이 있는 듯이 구체적인 질문을 하곤 했다.

　요네코는 교회뿐만 아니라 학교, 시, 군, 동사무소 등 사회복지 시설이나 장애인을 고용하고 있는 회사, 각종 여성 단체, 때로는 주택단지의 부인회, 라이온스 클럽 등 여러 기관에서 초청을 받는다. 그 강연에서 요네코의 "산다는 것"이란 영화를 요청하면 상영하기도 했다. 이 영화를 보고 감동을 받아 울고 있는 사람들을 수시로 목격할 수가 있었다. 특히 젊은 여성들 중에는 숨을 죽이고 오열하면서 말조차 잇지 못하는 사람들이 많았다. 그러나 흔히 광적인 신앙인에게서 볼 수 있는 것과는 다른 조용하고 엄숙하지만 정겨운 분위기가 있었다.

왜 사람들은 요네코의 이야기나 삶의 방식에 대해서 이처럼 감동을 받는 것일까? 가는 곳곳마다 그와 같은 의문에 부딪쳤다. 물론 표면적으로 해답을 찾으려고 한다면 얼마든지 찾을 수 있다. 현대는 고독한 사람들이 많다는 것이 그 해답 중 하나가 될 수 있을 것이다. 예컨대 최근 부쩍 늘어나고 있는 "우울증" 환자들이 "무엇 때문에 살고 있는지 알 수 없다."고 한결같이 호소하고 있는 기사를 볼 수 있는데 이런 사람들이 요네코의 삶에 대한 이야기를 듣는다는 것은 참으로 필요한 일이 될 것이다.

"산다는 것은 정말 멋지고 얼마나 즐겁고 황홀한 일인지 모릅니다. 사고를 당한 뒤에 새로운 인생을 살게 되면서 진심으로 그렇게 생각하고 있습니다!"

이렇게 말하면서 목소리의 톤을 높이는 요네코의 이야기는 확실한 격려가 된다. 그러나 이런 표면적인 해답만으로는 요네코의 행동이 사람에게 주는 감동의 본질을 충분히 설명해 준다고는 볼 수 없을 것 같다고 생각하던 어느 날, 어떤 한 장면에 부딪쳤을 때에 지금까지 품어왔던 의문의 정확한 해답을 얻을 수 있게 되었다.

가나가와 현 니노미아에 있는 사회복지센터에서의 일이었다. 교회 주최로 약 60명 정도의 사람이 모여 요네코의 강연을 듣고 끝이 났을 때, 언제나처럼 몇몇 사람이 요네코의 주위에 다가와 나름대로 가지고 있는 고민을 나누고 있었다. 요네코는 신앙 상담원이 되어 먼저 그들의 이야기를 열심히 듣고 한 사람 한 사람에게 필요한 조언을 해 준다. 그날 남아서 자신의 고민을 이야기하던 10여 명의 사람들은 모두 여성들이었다.

아키도시도 옆에서 다른 사람들과 이야기를 나누고 있었는데 두 명의 중년 부인이 다가와 아키도시에게 말을 걸었다. 그 중 한 부인이 "아까 부인께서 접으신 종이학을 저에게 주실 수 없겠습니까?" 하고 물었다. 요네코는 해외 여행 중에 있었던 종이학의 에피소드를 이야기하면서 실제로 현장에서 종이학을 접어 보이곤 했는데 그 종이학을 갖고 싶다는 사람은 어디서나 흔히 있는 일이었으므로 아키도시가 승낙하자 그 부인은 "실은 저의 집에 26년 간 뇌성마비로 거의 움직일 수 없는 아들이 있는데 그 아들에게 갖다 주고 싶어서…" 라고 말하는 부인의 표정은 매우 무거웠다. 아키도시는 고개를 끄덕였다.

 "요네코가 이야기를 하고 있을 때부터 그 부인의 표정이 마음에 걸렸습니다. 품위도 있고, 교양도 있어 보이는 부인이었지만 그 표정은 엄숙하면서도 불안한 표정이었다고 생각됩니다. 그래서 이 부인이 무엇인가 고민을 갖고 있던가, 아니면 비판적으로 이 야기를 듣고 있지는 않은가라고 생각하면서 계속해서 주위 깊게 보고 있었습니다."

그 부인은 아키도시로부터 종이학을 받고서도 돌아가려고 하지 않았다. 그러는 동안 다른 사람과 대화를 끝낸 요네코가 아키도시 옆으로 다가와 함께 이 부인과 이야기를 나누었는데 부인이 갖고 있는 아픔은 뇌성마비의 아이를 낳았을 때부터 가정은 파괴되기 시작했다고 해도 과언이 아닐 만큼 매우 비참한 것이었다. 남편은 허구한 날 술에 젖어 살았고, 집에도 들어오지 않게 되었다.

병원의 의사는 "이 아이가 살 수 있는 년 수는 20년이 고작일 것입니다." 라고 말했다. 그러나 "아이를 그대로 죽게 한다는 것은 도저히 견딜 수가 없었습니다." 라고 말하면서 부인은 울었다. 사는 것이 고작 20년이라는 선고를 받고 자식에 대한 애정이 더욱 세게 밀려왔다고 한다. 그 후부터 자식에 대한 간호는 열심이라든가 정성의 도를 넘어 거의 "헌신적"이었다고 이 부인과 함께 왔던 부인이 말해 주었다. 어린아이일 때는 잘 몰랐는데 성년이 된 뒤에는 누운 채 꼼짝도 못하는 자식을 안아 올리고 싶어도 어머니 혼자의 힘으로는 감당할 수가 없었다. 그러나 대소변은 물론 목욕이나 욕창이 생기지 않도록 마사지까지 홀로 해내고 있는 이 부인이야말로 위대한 모성애의 주인공이었다.

이 부인의 이야기를 듣고 있던 요네코는 몇 번씩이나 손수건으로 눈물을 닦았다. 그리고 갑자기 일어나서 울고 있는 여성의 어깨를 오른팔로 끌어안았다. 그러자 부인도 요네코의 어깨에 얼굴을 파묻고 소리 내어 울기 시작했다. 그 모습은 마치 길 잃은 어린아이가 극적으로 엄마의 품으로 돌아온 것같이 보였다. 부인은 울면서 이렇게 말했다. "누군가에 이렇게 안겨서 실컷 울고 싶었습니다." 주위에 모여 있던 사람들도 함께 울었다.

"남편의 배려나 이해가 있었다면 부인도 육체적으로는 고통스럽지만 어느 정도 견딜 수는 있었을 것입니다. 우리가 아무 것도 해 줄 것이 없어서 유감입니다."

집회가 끝난 다음 아키도시는 이렇게 말하며 그 부인에게 요네코가 어깨를 감싸 안아 준 것은 잘한 것이라고 말했다. 남의 아픔을 자신의 아픔으로 받아들이는 "포근하고 따뜻한 사랑"이 무엇보다 중요한 것이기 때문이다. 요네코의 이야기를 듣고자 찾아오는 사람들은 모두가 그런 것을 구하고 원하는 것이 아닐까 하는 생각이 들었다.

이런 의미에서 요네코와 아키도시는 하나님에 대한 간증을 하는 "사랑의 순례자" 라고 부르기에 알맞은 사람들이라고 하겠다. 요네코는 이야기할 때 자주 "나는 종교를 팔러 온 사람이 아닙니다!" 라고 말한다. 교회에서 강연할 때에도 어김없이 이 말을 한다. 기독교를 믿으라고 강요하는 것이 아니라 하나님의 사랑을 몸소 알리고 체험으로 알아주기를 바란다는 것이다. 그래서 하나님을 만날 수 있었던 사람들이 행복에 이르게 된다는 사실을 열심히 전하는 것이다. 참 신앙은 그것 밖에는 없다고 강조한다.

취재하는 동안 마지막으로 만난 하치오지 시에 사는 37세된 오카다 도미코라는 여인은 요네코를 만난 후, 경건한 크리스천이 되었다. 도미코도 요네코처럼 철도 자살 미수자이다. 다만 요네코와 다른 점이 있다면 두 다리는 남아 있으나 두 손은 잃었다는 것이다. 오른손은 어깨로부터 절단되었고, 왼손은 손목으로부터 5cm 정도 부분에서 절단되었다.

도미코의 자살은 집안의 불화가 원인이라고 할 수 있다. 처가살이를 하던 아버지는 62세로 세상을 떠나는 날까지 술만 마시며 살았다. 약한 몸에 말 수가 적은 분으로 생업인 농사에 충실한 것까지는 좋으나 술만 들어가면 사람이 완전히 변해버리고 말았다. 그 폭력의 대상이 되는 것은 언제나 당뇨병으로 한 쪽 눈을 실명한 어머니였다.

"서로 격려하거나 위로하는 일이란 전혀 없이 어머니는 아버지가 계실 때에 웃는 얼굴로 저녁식사를 해 본 적이 한 번도 없었습니다."

4남매 중의 셋째로 태어나 성격적으로 아버지를 빼닮았다는 소리를 들은 도미코는 어머니에게 폭력을 휘두르는 아버지를 점점 미워하게 되었다. 사랑과 미움의 역전이라고나 할까. 도미코에게 맞선을 보라는 말이 나왔을 때, 이미 자살 쪽으로 마음이 기울어져 있지 않았나 하는 생각이 든다. 맞선은 오빠가 강하게 권한 것이었다.

　그러나 당시 21세이던 도미코는 결혼은 생각해 본 일이 없었다. 따로 교제하고 있는 남자가 있었지만 자신의 성격을 "병적이라고 할 정도로 내성적"이라고 생각한 도미코는 결혼에 자신이 없었던 것이다. 그러나 집에는 올케가 있었다. 올케에게는 시누이가 결혼을 하지 않고 있는 것이 못마땅한 것이 당연한 일인지도 모른다. 오빠가 맞선 보기를 강력히 주장하는 의도도 알만했다.

　그 무렵 도미코는 직장에서 사무원 생활을 그만두고 결혼하지 않아도 혼자 생활할 수 있는 길을 선택하기 위해 편물 교실에 다니면서 뜨개질을 배우고 있었다. 그러나 오빠의 주장대로 맞선을 본 상대는 도미코를 보고는 한 눈에 반해 열심히 따라다녔다. 자신의 성격으로는 결혼하기 싫어도 하게 될 것같이 생각한 도미코는 노이로제에 걸리기 시작했고 급기야는 우울증 상태로 빠져들었다.

　그러던 어느 날 밤, 방에서 일기를 쓰고 있는데 오빠와 아버지가 대화하는 소리가 들려왔다. "저렇게 보기 흉해서는 시집도 보낼 수 없어!" 그 말 한 마디가 결정적인 방아쇠가 되었다.

"나는 '저렇게'라는 말 한 마디에 큰 충격을 받았습니다. '저렇게라는 것이 도대체 무엇을 뜻하는 것일까? 그렇게도 내가 미움을 받고 있었던 것일까? 나는 살아 있을 가치조차도 없는 것일까? 저런 말을 들어가면서까지 살아서 무엇 한단 말인가? 이젠 다 틀린 거야.' 여기까지 생각이 미쳤을 때 '죽어버려야 하는 때가 바로 이때가 아닐까?' 하는 생각이 들었습니다. 나는 사람들과 어울리는 것을 싫어해서 가능하면 사람들이 없는 숲속 같은 곳에서 사는 것이 소원이었습니다. 사회에 적응하기가 힘들었던 나는 결국에 염세적이 되어 '이젠 끝장이다.' 라는 생각만이 나를 짓눌렀습니다.

그러나 그 와중에도 어머니가 불쌍해서 견딜 수가 없었습니다. 그리고 만약 나에게 무슨 일이 생긴다면 아버지도 달라지지나 않을까 하는 생각도 해봤습니다. 이런 저런 생각에 머리가 복잡했고 내가 최후의 길을 선택할 때가 이때가 아닌가 생각이 들었습니다. 그래서 일기에 '철도 자살' '완전히 죽는 방법' 등과 같은 글들을 쓰다가 태워버려야 할 것들은 베개 속에 집어넣고 집을 나왔습니다."

그날 밤은 보슬비가 내렸다. 국철 중앙선의 선로 옆까지 온 도미코는 보슬비에 젖어 어렴풋이 보이는 선로를 오랫동안 바라보고 있었다. 그때 도쿄행 전차가 기적소리를 내며 눈앞으로 다가왔다. 그 전차의 쇠바퀴를 바라보면서 '나는 할 수 없다. 그만

두자.'고 생각했다. 그러나 한 번 죽음의 방향으로 돌린 이상 좀 처럼 다시 돌아서기 힘든 것인지 죽지 말아야겠다고 생각하면 서 힘없는 발걸음을 옮긴 도미코는 거리를 무작정 걷다보니 또 다른 건널목 가까이에 와 있었다.

그곳은 통칭 "마(魔)의 건널목"이라고 불리는 장소로 도미코 는 그곳의 상황을 모르고 있었다. 도미코는 어느덧 건널목을 건 너고 있었다. 그곳은 아까와는 반대로 하행선 전차가 달리는 선 로였다. 도미코는 선로와 평행으로 전차가 달리는 철길을 걸어 가면서 집을 나설 때와 같이 해답이 나오지 않는 생각을 머릿속 에 되풀이 하고 있었다. '그만두자. 내가 죽으면 어머니는 어떻 게 될 것인가? 그러나 내가 죽지 않으면 가족들에게는 변화가 있을 수 없어. 역시 나는 죽어야 해. 희생을 치르자. 21살까지 살 았으니 이젠 됐어.'

여기까지 생각이 미쳤을 때, 마침 하행하는 전차가 뒤에서 다 가왔다. 전차가 달리는 소리에 뒤돌아 본 도미코의 눈에 전차의 헤드라이트 불빛이 강하게 비쳤다. 가슴이 두근두근 거리고 숨 이 막히는 것 같았다.

"어떻게 할까? 뛰어들까 말까 망설이는 순간 마음속에서 '네 가 죽으면 그 죽음은 결코 헛되지 않을 것이다.' 라는 소리가 들 리는 것 같았습니다. 그런 느낌이 드는 순간 결정을 내렸습니다. '알았다!' 하는 소리와 동시에 전차가 달려오는 방향으로 마주 달려 나갔습니다."

도미코는 자신이 뛰어들었던 순간의 일을 확실히 기억하고 있다. 뛰어들면서 몸을 던지려 할 때에 전방에서 소형트럭(나중에 알고 보니 채소 파는 차였다.)이 달려오다 도미코의 행동을 알아차린 듯 급정거하며 "이 나쁜 놈아!" 하고 고함을 쳤다. 그 소리를 귓전에 들으면서 선로에 몸을 던졌는데 그때 또 하나의 감각이 있었다. 그날 밤 어머니의 새 신발을 신고 있던 도미코는 선로에 깔려있는 작은 돌 부스러기가 신발에 끼여 통증을 매우 심하게 느꼈다. 그 감각과 "이 나쁜 놈아!" 하는 고함소리를 들으며 동시에 뛰어들었던 것이다.

그리고 "야! 살아있다. 빨리 구급차를 불러!" 하는 소리가 들려오고 들것에 실려서 옮겨지는 것을 알았다. 그리고 "손이 없다!" "젊은 여자다! 아직 살아있다!"고 외치는 소리가 아득히 들려와 꿈을 꾸고 있는 기분이었다. 아픈 줄은 몰랐지만 '손이 없잖아!' 라는 생각이 어렴풋이 스쳐갔다. 의식이 회복된 것은 수술실인 것 같았다. 골골골 하는 소리가 들리면서 귓전에서 "이름은? 전화번호는? 주소는?" 하는 소리가 들려왔다. 나중에 알게 된 일이지만 도미코는 "살려주세요. 내 손을 붙여주세요!" 하고 울부짖었다고 한다. 그런 상황 속에서도 집 전화번호는 알려주었다.

"마취 상태였기 때문에 눈을 떴을 때 며칠이 지났는지 알 수는 없었지만 기억이 되살아나면서 맨 먼저 찾은 것은 어머니의 모습이었습니다. 그러나 어머니는 보이지 않았습니다. 어머니는 그때 베개 아래쪽에 있었는데 오른팔에 이불이 걸려 보지 못했던 것입니다. 왼팔은 붕대에 피가 배어 있어서 '아, 왼팔은 없어졌구나!' 하고 생각했습니다. 바로 그때 아버지가 병실에 들어오셨습니다. 울고 있는 것 같은 얼굴로 '왜 이런 일을 저질렀니?' 하고 말씀하시기에 '죄송해요.' 라고 말했습니다."

도미코는 수술 뒤 40일 만에 퇴원했는데 회복기에 걷는 연습을 하는 단계에서 처음으로 자신의 두 손이 없는 것을 알고 놀랐다. 양손이 없는데 어떻게 살아간단 말인가? 살아간다는 것은 도저히 상상할 수가 없었다.

"왜 죽도록 내버려두지 않았습니까? 의사라면 이런 몸으로 살아야 하는 것이 어떤 것인지는 알 수 있을 것 아닙니까? 주사 한 방이면 죽일 수도 있지 않습니까?"

회진 온 병원 원장에게 대들기도 했다. 그래서 도미코도 요네코처럼 수면제를 아무도 모르게 모으기 시작했다. 옥상에 산보하러 올라가면 어디서 뛰어내려야 좋을지 적당한 장소를 찾으려고 기웃거렸다. 항상 옆에 붙어 다니는 어머니는 병원으로부터 한시도 한눈팔지 말고 엄중히 감시하라는 주의를 받고 있었고, 간호사들도 감시의 눈을 번득이고 있었다.

이렇게 견디기 어려운 도미코를 유일하게 지탱케 한 것은 교제하고 있던 남자의 "결혼하자!"고 하는 말이었다. 그러나 언제부터인가 그 남자의 얼굴도 보이지 않게 되고 편지조차 끊어지고 말았다. '더 이상 살아봤자 별 볼일 없다.' 자살하고자 하는 마음은 한층 더 크게 응어리져 갔다.

퇴원 한 뒤에 도미코의 신변 일은 어머니가 도맡아 하게 되었는데 완전히 어른 아이와 같았다고 해도 과언은 아니다. 이미 삶에 대한 의욕을 상실한 도미코는 날마다 마음의 갈등이 심해져 갔고, 가족들과 충돌하는 일이 많았다. 멋대로 형성된 가족들의 인간관계는 여전히 해결되지 않고 있었다. 특히 올케와 충돌할 때가 많았다. "당신 같은 사람은 이 집에서 나가 버려!" 하고 고함을 지르기도 했다. 도미코의 집안은 날마다 술에 절어서 사는 아버지 대신에 오빠가 생활의 실권을 가지고 있었다. 그러므로 올케와의 충돌은 당연히 도미코를 고립시켰다. 가족회의가 열리고 비난의 화살은 도미코와 어머니에게 집중되었다. 추궁을 당하는 어머니와 딸은 남모르게 신변 정리를 시작했다.

1966년 2월경 집 근처에 사는 도미코의 고교시절의 친구가 있었는데 어느 날 한 사람의 장애인에 대한 이야기를 듣고 와서 "한 번 만나보지 않을래?" 하고 권했다. "그 장애인은 아미가와 쪽에 사는데 굉장히 명랑하고 학교 같은 곳에 가서 칠판에 글도 쓰고 있다더라." 친구가 친척 사람에게 들은 이야기로 그 사람만 만나면 삶의 의욕을 되찾을 수 있지 않을까라고 생각했던 것 같다. 너무나 고마운 일이기는 하지만 그 친구의 말을 도저히 믿을 수가 없었다. 그때는 삐뚤어질 대로 삐뚤어져 있던 탓도 있었다. 그 여자(요네코)가 격려하는 의미에서 "의수를 하면 무엇이든지 할 수 있다."고 해서 의수를 만들려고 갔다. 그러나 만드는 사람에게

"아무 것도 할 수 없어요!" 하는 말을 들었기 때문에 그 여자(요네코)의 말을 믿을 수 없었던 것이다. 그런 사람을 만나봤자 별수 없다고 투정을 부리는 것처럼 안 가겠다고 떼를 쓰기도 했지만 "그래도 가 보자, 가 보자!" 라고 열심히 권하는 바람에 결국 어머니와 함께 친구가 운전하는 차편으로 가 보게 되었다.

그 장애인이 크리스천이라는 사실은 전혀 알지 못했다. 그저 손이 없는 장애인이라는 것 외에는 요네코라는 사람이 어떤 사람인지 아무것도 아는 것이 없었다. 도미코는 자신이 그 집을 방문했던 일을 지금도 어제의 일처럼 잘 기억하고 있다. 뜰을 따라 현관으로 걸어갔을 때 아키도시와 두 아이가 풀을 뽑고 있었다. 발소리를 들은 아키도시가 일어서면서 웃는 얼굴로 "어서 오세요!" 라고 인사를 했다. 그리고 집 쪽을 향해서 "요네코, 손님이 왔어요!" 하고 소리를 높여 불렀는데 금방 밝고 탄력 있는 목소리로 "예!" 하는 응답이 들려왔다. 그 밝은 목소리에 도미코는 깜짝 놀랐다고 한다.

"숨을 들이 삼킨 기분이었습니다. 장애인이라고 하기에 틀림없이 어둡고 기분 나쁜 사람이겠지라고 생각했습니다. 그런데 요네코 여사가 유리창 가에서 몸의 오른쪽을 이쪽으로 향해서 서 있는 것을 보았을 때 낙심천만이었습니다. '아니 이 사람은 오른손이 있잖아, 또 속았구나!' 라고 생각했습니다. 그래서 요네코 여사가 현관에 서서 '잘 오셨어요. 올라오세요!' 하고 재촉했을 때 인사조차 하기 싫었습니다. 그러나 요네코 여사가 서 있는 모습이 너무나도 밝게 빛나고 있는 것 같아 나의 몸이 움츠려지고 놀라서 가까이 갈 수가 없었지만 나의 친구가 현관으로 올라서는 바람에 할 수 없이 뒤를 따라서 집으로 들어갔는데 요네코 여사의 걸음걸이가 이상하다는 생각이 들었습니다. 그녀가 걸을 때마다 따각따각 하는 소리가 났습니다. 그리고 요네코 여사는 스커트를 입고 있었는데 그 다리가 상처투성이에다가 너무나 더러웠습니다. 왜 저럴까라고 생각했는데 그것은 의족이었습니다. 나는 다시 한 번 놀랐습니다. '이 사람은 두 다리가 없구나! 왼팔도 없다. 오른손에는 손가락 세 개밖에 없다. 나보다도 더 중증인데 어떻게 이렇게 맑고 밝을 수가 있을까? 이렇게 빛날 수가 있을까?' 나는 굉장한 쇼크를 받았습니다."

그러나 도미코는 이런 생각도 해보았다. '이 사람은 남편도 있고 두 아이도 있지 않은가? 지금 나에게는 그런 행복한 가정도 없고, 만약에 어머니가 돌아가신다면 나는 어떻게 될 것인가? 불안하다. 이 사람은 장래에 대한 염려 같은 것은 없지 않은가? 그래서 이 사람은 이렇게 밝게 살아갈 수 있는 것이다.

그러나 내가 과거에 지체가 정상일 때에도 과연 이 사람처럼 행복했던가? 사랑하는 사람도 있었는데 이렇게 밖에는 안 되었다. 그렇다면 이 사람의 맑고 밝음은 남편과 두 아이가 있다는 사실만으로 이루어진 것이 아니지 않은가? 무엇이 이 사람을 지배하고 있는 것일까?'

이런 생각이 도미코를 요네코에 결부시키는 한 가지 이유가 되었다고 해도 틀리지 않을 것이다. 다하라 씨 부부는 도미코가 지금 어떤 심리 상태인지를 잘 이해하고 있었다. 요네코는 자신의 과거를 솔직하게 이야기해 주고 "이제 친구가 됩시다!" 하고 도미코에게 손을 내밀었다. 이 한 마디의 따뜻하고 포근했던 기억을 도미코는 평생 잊을 수 없다고 한다. 또한 요네코는 자신의 의수를 보이며 "지금은 이것보다 더 좋은 것을 만들어내기 때문에 비관할 것이 없어요!" 라고 말하면서 의수를 만들기 위해 수속하는 절차를 자세히 말해 주었다.

"그 말을 들을 때까지는 어떤 수속을, 어디에서 해야 하는지 전혀 몰랐습니다. 그런 것도 불안한 요소 중의 하나였는데 아키도시 선생이 '우리가 할 수 있는 데까지 도와 드리겠습니다.' 하면서 힘이 되어줄 것을 약속해 주어서 참으로 고맙고 기뻤습니다. 이 사람들과 가까이 사귀게 된다면 얼마나 좋을까 하는 생각도 했습니다. 나는 진정으로 어리광을 피울 대상이 그리웠습니다. 그때의 일을 회상하면 지금도 눈물이 앞을 가립니다."

이 이야기를 하는 도미코의 눈에는 방울방울 감격의 눈물이 맺혀 있었다. 그것은 10년 전의 감동이 지금도 마음 속에 살아있는 증거가 아니고 무엇이겠는가? 당시 도미코가 어느 정도 외로웠는지, 산다는 것에 대한 불안감을 얼마나 강하게 느꼈는지를 알 수 있다. 도미코가 돌아가려고 할 때, 다하라 씨 부부의 이름이 적혀있는 초신자용 전도지를 건네받고 처음으로 그 사람들이 크리스천이라는 것을 알았다. 다하라 씨 부부는 "교회에

갑시다." 라든가 "우리는 당신을 위해 기도하겠습니다." 라는 말은 일체 하지 않았다. 그런 것이 도미코로 하여금 그들에게 더욱 호감을 가질 수 있게 했다. 도미코는 "만약 그때 하나님에 대한 이야기를 했다면 나는 절대로 받아들이지 않았을 것입니다." 라고 했다. 도미코는 입원했을 때에 크리스천들의 방문을 받고 "빨리 돌아가 주세요!" 하고 고함을 친 적이 있었다.

"나는 두 손을 잃고 장래에 대한 불안에 떨고 있는데 '자! 기도합시다. 성경에는 이렇게 쓰여 있습니다.' 하고 아무리 좋은 말을 해 주어도 그런 것을 받아들일 여유가 없었습니다. 때문에 반발할 수밖에 없었지만 아키도시 선생 부부에게서는 그런 짓 눌릴 것 같은 기분은 전혀 느낄 수 없었습니다. 그것보다도 실질적으로 어느 날에 상담소를 가자든가, 수속하는 방법을 자신들이 더 잘 알고 있으니까 도와주겠다고 하든가 그 외에 여러 가지 계획을 세워준다고 하는 것 등 모든 일을 도저히 믿을 수 없을 정도로 힘써 주었습니다."

돌아오는 차 속에서 도미코는 자신의 마음속에 한 가닥 변화가 일고 있는 것을 깨달았다.

'나는 어쩌면 기독교의 신으로부터 도망칠 수 없을지도 모른다. 저 사람이 저렇게 빛나는 것은 남편이나 가족이 있다는 것으로 된 것이 아니다. 역시 하나님을 믿고 있기 때문이 아닌가? 나에게는 재산도, 가족도, 장래에 결혼할 수 있는 가능성도 없다. 정말 하나님이 존재하고 있어서 그 하나님을 내가 믿기만 한다

면 나도 요네코 여사처럼 밝고 아름다운 삶을 살 수 있을까?'

이때부터 도미코는 하나님에 관해서 관심을 갖게 되었다. 그리고 그 후로 요네코와 접촉할 기회가 많아져 그런 생각은 더욱 깊어만 갔다. 도미코가 가까운 교회에 발걸음을 옮기게 된 것은 아버지가 돌아가신 뒤였다. 아버지를 누구보다도 사랑하면서도 사랑하기 때문에 미워했던 도미코는 밤샘하는 날, 심한 환각 증상에 빠졌다. 주위의 유리창 너머로 아버지가 들여다보고 있는 것 같이 생각되는가 하면, 천정에 아버지 얼굴이 비치는 무서움에 자신도 모르게 큰소리로 외치며 밖으로 뛰어나갔다. 너무나 심한 정신착란증을 걱정한 어머니가 "교회에 가자!"고 말씀했다. 그러나 아직 도미코는 신앙으로 들어가기엔 저항이 있었다. 믿는다는 것이 어떤 것인지 이해가 잘 되지 않았기 때문이다.

"내가 믿게 된 것은 역시 요네코 여사의 생활을 제 눈으로 직접 보게 된 것이 큰 동기가 되었다고 할 수 있습니다. 그렇다고 해서 특별한 것을 본 것은 아닙니다. 그들의 일상생활의 한 단면에 지나지 않는 작은 것이었습니다. 요네코 여사의 집을 방문했을 때, 그의 큰 딸이 밖에서 울고 들어왔습니다. 그때 요네코 여사는 아무 말도 하지 않고 아이를 꼭 안아주었습니다. 그리고 울음이 그칠 때까지 그대로 있었는데 긴 시간이 지난 후에 아이의 마음이 가라앉은 것을 확인하고 '자, 손을 씻고 오렴!' 하고 부드럽게 말하였습니다. 그것을 보고 있자니 무언가 하나님의 넘치는 사랑을 느끼지 않고는 견딜 수가 없었습니다. 우리 집은 표면상으로 아무렇지 않은 것 같았지만, 가족들이 제멋대로여서 오순도순 대화를 한다든가 서로 위로하고 격려하는 일은 조금도 없었습니다. 그러나 요네코 여사의 가족을 보고 있노라면 작은 아이라도 인격을 존중해 주고 바르게 교육하고 있다는 것을 느낄 수 있었습니다. 그들의 모습 속에서 나의 가정과 너무나 격차가 큰 것을 보았고, 비참한 생각까지 들었습니다. 이러한 모습을 보여 준 것은 나로 하여금 믿는 자의 가정을 잘 보라고 하나님께서 말씀하고 있는 것 같다는 생각이 들었습니다. 엄연한 사실 앞에서는 하나님이 있다든가 없다든가 하는 것이 전혀 문제가 되지 않았습니다. 다만 하나님 앞에 겸손하게 '제가 졌습니다.' 하고 솔직하게 고백할 수 있었습니다. 그런 일이 있은 뒤로부터는 나도 정말 하나님을 믿을 마음이 생겼습니다."

그러나 하나님과 만날 때까지 도미코에게는 아직도 시간이 필요했다. 이전부터 외출하는 것을 싫어했던 도미코는 날이 갈수록 밖에 나가는 것을 더 싫어하게 되었고, 자신의 흉한 모습을 다른 사람에게 보이는 것이 고통스러웠다. 밖에 다니는 것을 싫어하는 자신인데 왜 하나님은 다리가 아닌 손을 빼앗아 갔는가 하고 원망한 적도 있었다. 손이 없어졌다고는 하지만 한쪽 손이라도 남겨주었더라면 좋아하는 뜨개질이라도 할 수 있을 텐데 하고 탄식한 일도 있었다. "하나님은 공평하신 분이라는데 이건 불공평이 너무나 지나치지 않습니까?" 하고 호소한 일도 있었다. "이렇게 원망하고 있는 동안은 하나님의 응답이 있을 리가 없지요!" 라고 웃으며 이야기 하는 도미코지만 아무리 하나님을 만나고 싶어도 하나님과 만나지 못하고 괴로워하던 도미코는 비가 내리던 어느 날 마당에 주저앉아서 마음속에 도사린 그 무엇과 싸운 일이 있었다.

"'왜 믿을 수 없는 것일까? 왜 하나님은 나의 앞에 나타나지 않는 것일까? 도대체 나의 어디가 나쁘다는 것일까? 나의 악한 것을 가르쳐 주세요.' 이렇게 자문자답하고 있는데 나도 모르게 '하나님 도와주세요.' 하고 간절한 기도가 나왔습니다. 그 순간 내 몸 속 깊은 곳에서 음성이 들려왔습니다. '네가 믿으려고 하지 않기 때문에 나는 네 앞에 모습을 나타내지 않는 것이다.' 그것이 하나님의 음성이었는지 아니었는지는 알 수 없습니다. 그러나 그 음성으로 인해 안개가 걷히는 것 같은 기분이 들었습니다."

도미코에게는 이것이 신앙의 첫 관문을 뛰어넘게 되는 결정적인 순간이었다. 그 뒤로부터 도미코는 성경학교에 다니게 되었다. 그곳에서 다음과 같은 말씀을 접하였을 때부터 양 손이 없는 자신의 몸이 하나님께서 그렇게 만드신 것이라는 생각을 하게 되었다.

"우리는 그가 만드신 바라 그리스도 예수 안에서 선한 일을 위하여
지으심을 받은 자니 이 일은 하나님이 전에 예비하사
우리로 그 가운데서 행하게 하려 하심이니라"(엡 2:10)

" '나는 하나님의 작품이다. 작품은 전시되기 마련이므로 이대로 내 몸을 전시하면 되는 것이다.' 생각이 이렇게 변하는 것과 동시에 마음이 평안하고 좋아졌습니다. '이것은 하나님의 축복에 의해서 정해진 모형이므로 이 이상 완전한 것은 없다.'고 하는 자각이 생긴 것입니다. 그리고 이것은 하나님에게 선택받은 감사의 마음이었습니다. 그 뒤로부터는 어느 곳이든지 편하게 나다닐 수 있었습니다."

한 사람의 경건한 크리스천이 탄생된 것이다. 도미코의 마음의 궤적(軌跡)이야말로 오랫동안 "사랑의 순례"를 거듭해온 아키도시와 요네코 부부가 항상 쉬지 않고 기도해 온 "한 알의 밀알"이 그 열매를 맺은 예가 될 것이다.

산다는 것이 황홀하다

저자 : 다하라 요네코
발행처 : 솔라피데출판사
전화 : (031)992-8692 / 팩스 : (031)955-4433
공급처 : 솔라피데출판유통
전화 : (031)992-8691 / 팩스 : (031)955-4433

값 9,000원